世の中への扉

車いすはともだち

城島充

講談社

車いすはともだち

目次

まえがき　はじめてのレース　4

第一章　車いすのポルシェをつくりたい　19
天皇《てんのう》皇后《こうごう》両《りょう》陛下《へいか》が、工場見学にやってきました。
お二人はなにを知りたかったのでしょう？

第二章　四年後にえがいた夢《ゆめ》　53
歩くことができなくなり「脊髄炎《せきずいえん》」という
病名を知らされた青年が、パラリンピックの
映像《えいぞう》を見たあとにとった行動は？

第三章　スーパースターの車いす　81
車いすテニスの金メダリスト・
国枝慎吾《くにえだしんご》選手のこだわりと、
車いすエンジニアとの共同作業。

第四章　小さな夢《ゆめ》を育てる　107
「ぼくが乗る車いすはないんだ」
少年のそのひとことがヒントになって、
子どものスポーツ用車いすの開発が始まりました。

第五章　未来への一歩　135
車いすが育《はぐく》んだ、
凌《りょう》くん（小六）のリーダーシップと
杷奈《はな》さん（小三）のわくわく好奇心《こうきしん》。

第六章　夢《ゆめ》舞《ぶ》台《たい》でのチャレンジ　161
「いちかばちかの勝負を」
――陸上銀メダリスト・佐藤友祈《さとうともき》選手が、
パラリンピックの決勝で選んだ戦法は？

あとがき　そして、東京《とうきょう》パラリンピックへ　182

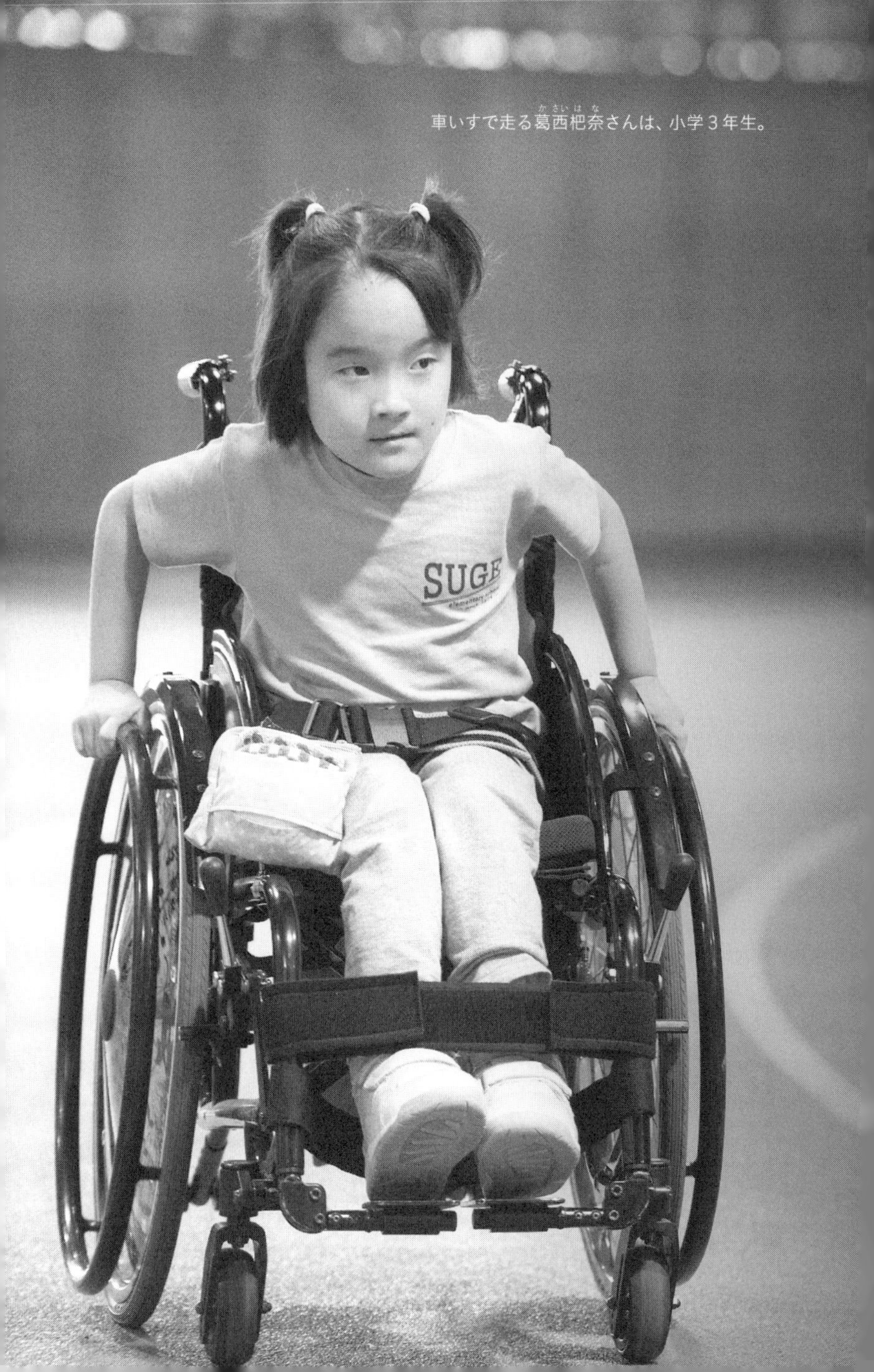

車いすで走る葛《か》西《さい》杷《は》奈《な》さんは、小学３年生。

まえがき

はじめてのレース

「わたし、食べるのがおそいから、このまえ、おともだちから『カタツムリさんみたい』っていわれちゃったの」

顔いっぱいに笑《え》みをうかべながら、お母さんがつくってくれたお弁当《べんとう》をおいしそうに食べているのは、川崎市立菅小学校《かわさきしりつすげしょうがっこう》三年の葛西杷奈《かさいはな》さんです。

「はなちゃん、この本読んだ？」

先にお昼ごはんを食べおえた中学二年生の田中杏《たなかあん》さんと、小学三年生の辻田愛稀《つじたあき》さんが声をかけてきました。杏さんは料理の本を、愛稀さんは漫画《まんが》の『ドラえもん』を手にしています。

杷奈さんは返事をしようとしますが、小さな口のなかに大きなブロッコリーを入れたばかりなので、言葉を返せません。口もとをしっかりとむすんだまま、ほっぺたをふくらませる杷奈さんを見て、杏さんと愛稀さんは大きな声をあげて笑いました。

関東《かんとう》地方に猛暑《もうしょ》を予感させる強い日ざしがさしこんだ二〇一六年七月二日、杷奈さんたちは、東京都町田市《とうきょうとまちだし》にある町田市立陸上競技場《りくじょうきょうぎじょう》にいました。八レーンの四百メートルトラックが整備《せいび》され、一万人の観客を収容《しゅうよう》できるりっぱな競技場ではこの日、第二十一回関東《かんとう》パラ陸上競技選手権大会《りくじょうきょうぎせんしゅけんたいかい》が開かれていたのです。

「パラ」とは、四年に一度、オリンピックとおなじ場所で開かれる「パラリンピック」から最初の二文字をとったものです。最近では障害者《しょうがいしゃ》スポーツの総称《そうしょう》として、さまざまなところで使われています。

メインスタンドのうらにある通路の床《ゆか》にぺたんとおしりをついて、両足をまっすぐのばした状態《じょうたい》でお弁当《べんとう》を食べたり、本のページをめくったりする姿《すがた》からは想像《そうぞう》できませんが、杷奈さん、杏さん、愛稀さんたちはみんな、車いすで学校に通っています。そして三人は、神奈川県《かながわけん》を拠点《きょてん》に活動している車いすの陸上クラブ「横浜《よこはま》ラ・ストラーダジュニア」に所属《しょぞく》する、ちびっこパラアスリートでもあるのです。

関東パラ陸上選手権は、国内で開かれる障害者《しょうがいしゃ》の陸上競技会《きょうぎかい》のなかでも重要な大会の一つです。二か月後に開かれるリオデジャネイロパラリンピックに出場が予定されるトップアスリートたちがエントリーする種目だけではなく、競技を始めたばかりの子どもたちも参加できるジュニアトラック競技会の部があるのも、この大会の特色です。

杷奈さんが着ているピンク色のTシャツにも、出場者がつけるゼッケンがはりつけてありました。杏さんと愛稀さんは競技会に出場した経験《けいけん》がありましたが、ラ・ストラーダジュニアに入ったばかりの杷奈さんにとっては、生まれてはじめて出場するレースです。

こんなに大きな競技会でデビューする機会はめったにありませんが、杷奈さんに緊張《きんちょう》しているようすはありません。ブロッコリーを食べおえると、大好物だというおにぎりに手をのばしています。

時計の針《はり》が正午をまわろうとしていました。ジュニアトラック競技会《きょうぎかい》は、午後一時から始まります。

「みんな、今日は楽しんで走ろう！」

三人の女の子にそう声をかけたのは、ラ・ストラーダジュニアのキャプテンをつとめる、横浜市立太尾小学校《ふとおしょうがっこう》六年の向山凌《むかいやまりょう》くんです。凌くんはスイミングクラブにも通っている活発な男の子で、毎年十二月に神奈川県横須賀市《よこすかし》で開かれる「日産《にっさん》カップ」という車いすレースの大会にも、これまでに四度出場しています。

「走ったらつかれるって思ってるかもしれないけど、走りおわったあとは、すごく気持ちがいいんだよ」

女の子たちにキャンディを一つずつ配るやさしさも見せた凌くんは、そんな声をかけて杷奈さんをはげましました。

凌くんがお父さんといっしょにウォーミングアップを始めたのを見て、杏さんと愛稀さんも車いすに乗りました。

「杷奈、はやく食べないと、準備《じゅんび》をする時間がなくなっちゃうよ」

お父さんにせかされ、杷奈さんもようやくお弁当《べんとう》の最後に残ったさくらんぼを口にほうりこみました。「クラッチ」とよばれるつえをささえにしてゆっくりと立ちあがると、愛用の車いすのところへ向かいます。その表情《ひょうじょう》から笑《え》みが消え、きりっとひきしまったのは、車いすのシートにおしりを乗せ、小さな手にお気に入りのピンク色のグローブをはめたときでした。

みなさんは、車いすに乗った人たちが走る姿《すがた》を見たことがありますか？

凌くんや杷奈さんたちは、ふだん学校に通っている日常用《にちじょうよう》の車いすで大会に参加していますが、大人の選手たちは「レーサー」とよばれる陸上競技《きょうぎ》用にとくべつにつくられた車いすに乗って、トラックやロードのさまざまな種目で記録をあら

そいます。(この本の表紙の写真が、レーサーです)

レーサーにはカタカナの「ハ」の字形に少しかたむいた大きな二つの後輪があり、メインフレームでつながった先に前輪が一つついています。車いすというよりも、車体が低い三輪の自転車のようなかたちです。

選手たちは、正座《せいざ》やひざをそろえた体育ずわりのような体勢《たいせい》でシートに乗りこむと、体をできるだけ低くして前傾姿勢《ぜんけいしせい》をとり、後輪についた「ハンドリム」とよばれるリングを両手でまわして、風を切りながらトラックやロードを疾走《しっそう》します。

選手一人ひとりの体格《たいかく》や障害《しょうがい》の程度《ていど》、運動能力《のうりょく》にあわせてつくるため、レーサーはすべてオーダーメイドです。「パラリンピックのF1《エフワン》カー」とよばれるのは、メインフレームなどの部品を軽くて強くするために最新の技術《ぎじゅつ》が注ぎこまれていて、メカニックによる細かい調整が記録に大きく影響《えいきょう》するためです。

そのレーサーをつくっている会社が、千葉市《ちばし》にあります。

パラリンピックに出場する選手が乗るレーサーを数多く製作《せいさく》している「オーエッ

クスエンジニアリング」です。

陸上競技《きょうぎ》用だけではなく、テニスやバスケットボール用の車いすや、冬の競技では、「シットスキー」とよばれるすわったままの姿勢《しせい》で雪の上をすべることができる用具もつくっていて、同社の製品《せいひん》に乗った国内外のパラリンピアン（パラリンピックに出場した選手）は、一九九六年のアトランタパラリンピック以来、このときまでに、夏季大会と冬季大会をあわせて計百六個《こ》のメダルを獲得《かくとく》していました。

この日は、オーエックスエンジニアリングの石井勝之《いしいかつゆき》社長も競技場に姿《すがた》を見せていました。

自分たちがつくったレーサーに乗って走る選手を応援《おうえん》するためだけではありません。競技場の外にオーエックス専用《せんよう》のブースをもうけ、最新型のレーサーを展示《てんじ》するとともに、スタッフがレースの直前まで、選手たちが乗るレーサーの調整をしているのです。

石井社長はラ・ストラーダジュニアの応援旗をふりながら声援を送る家族のすぐ

近くで、子どもたちのレースを見つめました。

気温が三十度をこえるなか、まずは凌くんがジュニア男子百メートルに挑戦《ちょうせん》しました。おなじレースには、ラ・ストラーダジュニアの先輩《せんぱい》にあたる高校三年生の木村晃《きむらあきら》くんや、中学三年生の齊藤大希《さいとうだいき》くんも出場しています。

スタートから飛びだしたのは、木村くんです。

「凌、はなされるな。ついていけ!」

お父さんの声援《せいえん》をうけ、凌くんは必死で木村くんの背中《せなか》を追います。レースまえは「いっしょうけんめい走るけど、四十秒を切るのはむずかしいかな」と語っていましたが、記録は三十六秒二〇。もちろん、自己《じこ》新記録です。

凌くんがゴールしたとき、齊藤くんはまだ、三十メートルほどの地点でした。障害《しょうがい》の程度《ていど》が重いために腕《うで》や手の力が弱く、ゆっくりとしかまえに進めませんが、それでもけんめいに両腕をまわします。

少しずつ、少しずつ、しっかりとまえへ。最後まであきらめなかった齊藤くんの記録は、四分十八秒七四。ゴールした瞬間《しゅんかん》、スタンドから大きな拍手《はくしゅ》がわきました。

つづいてラ・ストラーダジュニアの女の子たちがスタートラインに向かいます。

「位置について……」

スターターをつとめる男性《だんせい》の声が競技場《きょうぎじょう》にひびくと、車いすの前輪をスタートラインの手前にあわせます。

ピストルの大きな音におどろいたのか、杷奈さんはスタートで少しおくれました。それでも、細い腕《うで》でけんめいにハンドリムをまわし、どんどんゴールに向かっていきます。ふだん練習をしているトラックは直線のコースがみじかいので、百メートルをまっすぐなコースで走るのもはじめての体験です。

「杷奈、がんばれ！」

お父さんとお母さんが、夢中《むちゅう》になって声援《せいえん》を送ります。五十メートルをこえたあたりでさすがにスピードが落ちましたが、それでも、杷奈さんは必死で両腕をまわし、ゴールへ近づいていきます。

「杷奈ちゃん、はじめてなのにはやいね」

そんな声も、応援席《おうえんせき》から聞こえてきます。

あと二十メートル、あと十メートル、五メートル……。車いすに乗った小さな体がゴールラインをこえると、お父さんとお母さんはほっとした表情《ひょうじょう》をうかべ、杷奈さんのがんばりをたたえました。

杷奈さんの記録は、五十八秒二三。愛稀さんは、一分二秒五二の自己《じこ》新記録、杏さんは、一分三秒九三でした。

レース後、ラ・ストラーダジュニアの子どもたちから笑《え》みがこぼれます。

「楽しかったですか?」

「楽しかったです」

杷奈さんと杏さんは、マイクのかわりに応援旗をおたがいの口もとに近づけ、インタビューごっこをしています。二百メートルにも出場した湊くんは、二枚《まい》の記録《きろく》証《しょう》を手に満足そうです。

そんなようすを、オーエックスの石井社長がにこにこしながら見つめていました。

「バリアフリー」という言葉があります。

障害《しょうがい》をもつ人やお年よりたちが、生活するうえで向きあうさまざまな壁《かべ》（バリア）をとりのぞいた環境《かんきょう》のことです。それは、たとえば車いすで町のなかを移動《いどう》しやすかったり、スポーツやレジャーを楽しめたりすることだけを意味しているのではありません。障害をもつ人たちが、体の不自由さをハンディキャップとうけとめず、心の底から生きる喜びを感じられるような環境です。

二〇二〇年に東京でパラリンピックを開く大きな目的は、このバリアフリーな社会を実現《じつげん》することにあります。

そのために必要なのは、障害をもつ人たちと、そうではない健常者《けんじょうしゃ》とよばれる人たちのつながりです。

オーエックスと、パラアスリートや障害《しょうがい》をもつ子どもたちとの関係は、その一つのモデルになるかもしれません。競技用車《きょうぎようしゃ》いすの開発をつづけるスタッフの情熱《じょうねつ》が、ちょっとまえまでは不可能《ふかのう》だと思われていたパラアスリートや子どもたちの挑戦《ちょうせん》を可能にし、障害をもつ人たちの人生をスポーツを通じて豊《ゆた》かにしていくからです。その根っこにあるのは、おたがいのことを理解《りかい》し、信用する強いきずなです。

この日、ラ・ストラーダジュニアの子どもたちにサプライズが用意されていました。

すべての競技が終わり、ラ・ストラーダジュニアのメンバーが競技場の外に集まってミーティングをしていたときのことです。

「みんな、レーサーに乗ってみる?」

子どもたちにそう声をかけたのは、オーエックスでレーサーの製作《せいさく》やメンテナンスを担当《たんとう》しているエンジニアの小澤徹《おざわとおる》さんです。

日常用《にちじょうよう》の車いすでしか走ったことのない子どもたちにとって、レーサーはあこがれの乗りものです。みんな喜んで、展示用《てんじよう》においてあったレーサーのまえにならびました。

トップバッターは、愛稀さん。つづいて杏さん、そして杷奈さんも……。

レーサーは前傾姿勢《ぜんけいしせい》をとらないと、うしろに体重がかかって前輪がふわっと空中にういてしまいます。まだ体重の軽い三人の女の子たちは、ちょっと体を起こしただけで何度もひっくりかえりそうになりましたが、それでも日常用の車いすとはあきらかにちがうスリルとスピードを体で感じました。

「こわいけど、楽しい」

「腕《うで》の力をつけたら、もっとはやく走れそう」

「がんばって練習して、いつかレーサーで風を切って走れるようになりたい」

小さな体からこぼれた歓声《かんせい》が、初夏の青空にすいこまれていきました。

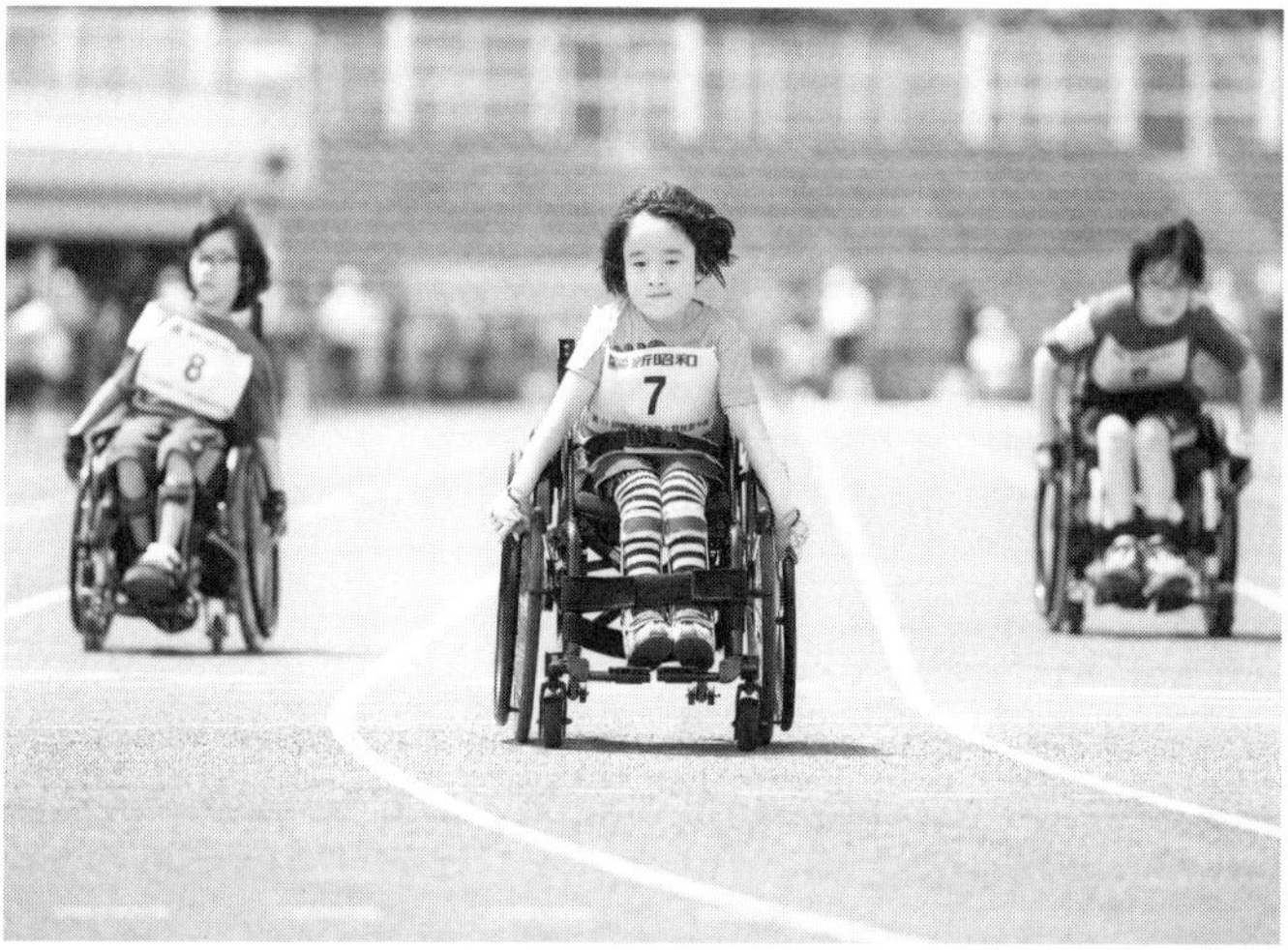

がんばれ杷奈さん(上)、負けるな凌くん(下)。関東パラ陸上競技選手権大会のジュニアトラック競《きょう》技《ぎ》会《かい》で。

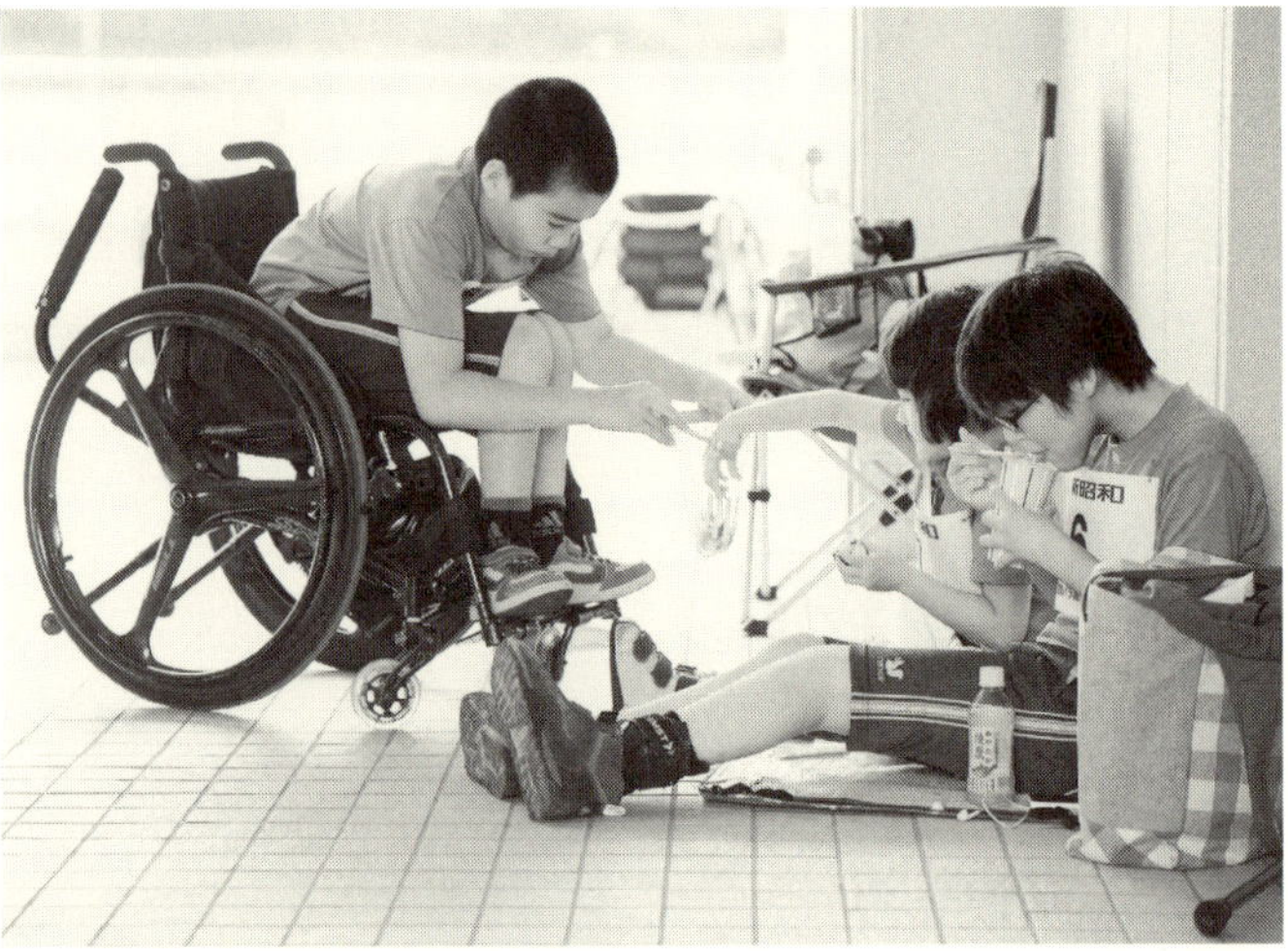

レースが始まるのを待つあいだ、凌くん（左）は杷奈さん（中央）と杏さん（右）に「キャンディをどうぞ」。

第一章

車いすのポルシェをつくりたい

天《てん》皇《のう》皇《こう》后《ごう》両《りょう》陛《へい》下《か》が、工場見学にやってきました。
お二人はなにを知りたかったのでしょう？

陸上競《きょう》技《ぎ》用《よう》のレーサー「ＧＰＸ《ジーピーエックス》」の最新モデルです。

天皇皇后両陛下《てんのうこうごうりょうへいか》のご訪問《ほうもん》

オーエックスエンジニアリングの本社は、JR《ジェイアール》千葉駅《ちばえき》からモノレールに乗り、終点の千城台駅《ちしろだいえき》から車で十数分走ったところにあります。

大きなショッピングモールのある駅前から少しはなれると、道はだんだんせまくなり、背《せ》の高い木々がおおいかぶさって視界《しかい》をふさぐようになります。曲がりくねった道をぬけ、まっすぐに伸《の》びた一本道に出ると、黄、赤、青のカラフルなパイプでつくられた車いすのオブジェと、「OX（オーエックス）」の看板《かんばん》を見つけることができます。

千葉市といえば、人口百万人近い政令《せいれい》指定都市の一つです。その市内に本社があると聞けば、オフィスビルがならぶ一角に社屋や工場があると想像《そうぞう》しがちですが、オーエックスの車いすは、緑の多い豊《ゆた》かな自然のなかでつくられているのです。

二〇一五年十二月八日の正午すぎ、黒ぬりの大きな車がオーエックス本社のまえで停《と》まりました。交通規制《きせい》された一本道の沿道《えんどう》には、百人をこえる地元の人たちが集まり、手に持った日の丸の小旗をふっています。

厳重《げんじゅう》な警備《けいび》のなか、車からおりてこられたのは、天皇皇后両陛下《てんのうこうごうりょうへいか》でした。濃《こ》いグレーのスーツ姿《すがた》の天皇陛下に、チェック柄《がら》のジャケットを着た皇后陛下が寄《よ》りそい、ゆっくりと歩《ほ》を進めていかれます。

このように、天皇と皇后がいっしょに外出されることを「行幸啓《ぎょうこうけい》」といいます。両陛下は海外で開かれる大きな式典はもちろん、全国植樹祭《ぜんこくしょくじゅさい》や国民体育大会《こくみんたいいくたいかい》など、全国各地で開かれるイベントにも足をはこび、さまざまな分野でがんばっている人たちをはげましておられます。

一九九五年一月の阪神淡路大震災《はんしんあわじだいしんさい》や、二〇一一年三月の東日本大震災《ひがしにほんだいしんさい》など、大きな災害が発生したときも被災地《ひさいち》にかけつけ、家族や友人を失い、避難《ひなん》生活をつづける人たちや、支援《しえん》をつづけるボランティアの人たちに声をかけられる姿を、テレビや新聞のニュースで見た人もいるでしょう。

こうした行幸啓《ぎょうこうけい》のなかでも、両陛下《りょうへいか》がもっとも力を注いでこられたのが、障《しょう》害《がい》をもつ人たちがくらしている施設《しせつ》や、彼《かれ》らのためにさまざまな事業にとりくんでいる団体《だんたい》や企業《きぎょう》への訪問《ほうもん》です。

ご高齢《こうれい》になられた両陛下にとって、行幸啓で各地を訪《おとず》れるのは、肉体的にたいへんな負担《ふたん》になってきました。そのため、少しまえから、たとえば「こどもの日」や「敬老《けいろう》の日《ひ》」にちなんだ施設訪問は、皇太子《こうたいし》、秋篠宮《あきしののみや》両ご夫妻《ふさい》にまかされるようになりました。

けれども、そうした状況《じょうきょう》のなかでも、十二月の「障害者週間（三日から九日まで）」にあわせた行幸啓は、それまでとおなじようにつづけられていたのです。

「よい結果が出るといいですね」

天皇皇后両陛下《てんのうこうごうりょうへいか》をむかえたのは、石井勝之《いしいかつゆき》社長です。

オーエックスエンジニアリング本社の正門をくぐると、二階建てのプレハブの建物が三棟《とう》つらなっています。いちばん手前が事務棟《じむとう》で、奥《おく》の二つは作業棟です。

作業棟には、車いすを組みたてたり設計図《せっけいず》をひろげたりする大きな作業台や、部品を溶接《ようせつ》したりけずったりする機械がおかれています。その周囲にさまざまな工具や部品を収納《しゅうのう》する棚《たな》や、車いすに組みたてられるまえのフレームやパイプが整理され、天井《てんじょう》に近いところにもうけられたレールには、車いす用の車輪がずらりとならんでいます。

石井社長の案内で、両陛下はコンピューターを使った製図《せいず》のようすや、アルミ製のパイプを溶接して、車いすを組みたてる作業を見学していきます。

「(前回の一九六四年の)東京《とうきょう》パラリンピックのころには、もういろいろな車いすがありましたか?」

「小さい子は成長がはやいから、そのつど、つくりなおすのですね?」

両陛下《りょうへいか》の熱心な質問《しつもん》に、石井社長がていねいに答えます。

オーエックスでつくられる車いすは、日常《にちじょうよう》用の車いすが全体の九割《わり》をしめています。のこりの一割がスポーツ用車いすで、そのなかにテニス、バスケットボール、そして陸上用のレーサーと、さまざまな競技《きょうぎ》におうじたスポーツ用車いすがあるのです。

車いすテニス界のスーパースターとして知られる国枝慎吾《くにえだしんご》選手も、オーエックスの車いすでプレーをしています。

相手のボールを打ちかえすポジションまで車いすを動かす技術《ぎじゅつ》を「チェアワーク」というのですが、そのチェアワークの正確《せいかく》さとスピードをみがいた国枝選手は、「グランドスラム」とよばれる四つの大きな国際《こくさい》大会（車いすテニスでは三大会だった期間もある）の車いす部門でつぎつぎと優勝《ゆうしょう》をかざり、パラリンピックでも二〇〇四年のアテネから二〇一二年のロンドンまでの三大会で、三つの金メダルと一つの銅《どう》メダルを獲得《かくとく》していました。

スポーツ用車いすの性能《せいのう》だけを追求すると、大きなお金を開発に注ぎこむことになり、結果的に価格《かかく》が高くなって選手たちに負担《ふたん》をかけることになります。じっさい、国枝選手のライバルとなる外国選手のなかには、高額《こうがく》な車いすでプレーする選手もいます。

しかし、オーエックスはつねに選手の立場にたって、スポーツ用車いすの開発にとりくんできました。国枝選手も「ふつうの人でも乗れる車いすを使いこなして勝負したい」という信念をつらぬき、多くの人が買いもとめやすいオーエックスの車いすで、プレーをつづけているのです。

そうしたことを石井社長や担当《たんとう》の社員が伝えると、天皇陛下《てんのうへいか》は「国枝選手がプレーされる映像《えいぞう》を見ていると、ずいぶんと自由に動いておられますね。いろいろと苦心されているんですね」と、おどろいたようすで感想をのべられました。

作業台の上にレーサーをおいたエンジニアの小澤徹《おざわとおる》さんは、両陛下が近づいてこられるのを、どきどきしながら待っていました。

XRDB 15611

天皇《てんのう》皇后《こうごう》両《りょう》陛下《へいか》の質問《しつもん》に答える小澤さん（左）。

この日の行幸啓《ぎょうこうけい》にそなえ、小澤さんは作業台の手もとに一枚《まい》のメモをはりつけておきました。両陛下《りょうへいか》から質問《しつもん》をうけたとき、緊張《きんちょう》して頭のなかがまっ白になっても答えられるように、レーサーの説明をメモにしておいたのです。

でも、そのメモを見る必要はありませんでした。

「レーサーをつくるにあたって、いちばんたいへんなことはなんですか?」

天皇《てんのう》陛下が質問されると、小澤さんはこう答えました。

「いろんな障害《しょうがい》の人がいるので、あわせてつくるのがむずかしいですね」

陛下は「とてもよい仕事をされていますね。どんなに、選手たちが助かっていることか。ありがとうございます」と、言葉をかけてくれました。

小澤さんがつくるレーサーで、翌年《よくねん》のリオデジャネイロパラリンピックに出場する選手たちの話になると、陛下は「よい結果が出るといいですね」と、笑《え》みをうかべながらエールをおくりました。

両陛下と直接話《ちょくせつ》をしたのは、三分間ぐらいだったでしょうか。

小澤さんは、オーエックスに入社した翌年《よくねん》の一九九九年九月、東京の江戸川区《えどがわく》で開かれた障害者《しょうがいしゃ》の陸上大会で、競技場《きょうぎじょう》のトラックにおりて、選手に声をかける両陛下《りょうへいか》の姿《すがた》を思いだしていました。そのとき、お二人が障害者スポーツを心から応援《おうえん》されていることを知りましたが、まさかその十六年後に、自分が声をかけてもらう立場になるとは思ってもいませんでした。

そしておなじとき、両陛下の案内役をはたした石井社長は、オーエックスエンジニアリングという会社をたちあげた父、重行《しげゆき》さんのことを考えていました。

「もし、亡《な》くなった父が今日の光景を目にすれば、どれだけ喜んだだろう」

ものづくりの魅力《みりょく》

石井社長の父、石井重行さんの名前がはじめて世に知られたのは、オートバイの世界でした。

市販《しはん》されているバイクを改造《かいぞう》したものを「プロダクションマシン」というのですが、いまから四十年近くまえに、空前の「プロダクションレースブーム」が起こりました。

一九八〇年にヤマハの「RZ250」というバイクが発売されると、これに改造を加えてレースを走るのが、ライダーたちのあいだで大流行したのです。

そのブームの中心にいたのが、重行さんでした。

重行さんは子どものころから、自分がイメージしたとおりのかたちに粘土《ねんど》や木材などを加工していく「ものづくり」の楽しさに、心をうばわれていました。

いまの石井勝之社長にとっては祖父《そふ》にあたる、重行さんの父、茂《しげる》さんは、当時の国鉄《こくてつ》（現在《げんざい》のJR）関係の仕事をうけおう工場で働いていました。敷地《しきち》のなかに家族でくらす社宅《しゃたく》があり、重行少年は、コンクリートを地ならしするローラーやベルトコンベア、溶接機《ようせつき》などがある工場を遊び場にして育ちました。

小学校高学年のころにラジオやステレオをつくったかと思うと、中学生になると、エンジンのついたゴーカートやプロペラで進むベニヤ板の船を完成させ、周囲の大人たちをおどろかせました。

そんな重行さんは十六歳《さい》の誕生日《たんじょうび》をむかえると、すぐに二輪車の運転免許《めんきょ》をとりました。アルバイトでかせいだお金で中古のバイクを購入《こうにゅう》したのですが、そのオートバイにそのまま乗ったわけではありません。

オートバイはエンジンやギア、ハンドル、ライト、スロットル、ミラー、メーター、マフラーなど、いくつもの部品からできています。重行さんは子どものころから遊び場だった工場にバイクを持ちこむと、それを解体《かいたい》し、部品に改造《かいぞう》を加えて組みたてなおしました。世界に一つしかない、自分だけのバイクをつくりあげ、レースに参加したのです。

高校卒業後、親戚《しんせき》の会社や大手のバイクメーカーで働いたあと、重行さんは東京の江戸川区に、オートバイ販売店《はんばいてん》「スポーツショップイシイ」を開きました。一九七六年六月のことです。重行さんが二十八歳のときに産声《うぶごえ》をあげたこの小さなお店が、オーエックスエンジニアリングのルーツといえるかもしれません。

重行さんはショップで改造《かいぞう》したバイクで、本格的《ほんかくてき》にレースに参戦します。「SS－ISHII」と名づけられたレーシングチームは、大手メーカーのマシンに勝負をいどみ、つぎつぎと好成績《こうせいせき》をおさめていきます。

それだけではありません。大手メーカーが重行さんのアドバイスで改造したバイクのテストライダーをつとめたり、その乗りごこちをオートバイの専門誌《せんもんし》に執筆《しっぴつ》したりするようになりました。

「SS－ISHII」のチームがレースですばらしい結果をのこすたび、重行さんによるバイクの改造が評判《ひょうばん》になります。とりわけ、2《ツー》ストロークエンジンのパワーを高める「チャンバー」とよばれる排気管《はいきかん》が人気を集め、全国から「イシイのチャンバーがほしい」という声が殺到《さっとう》しました。

重行さんがショップを開いたころからいっしょに仕事を始め、いまもオーエックスにつとめている飯星龍一《いいほしりゅういち》さんが、こうふりかえります。

「最初のころのショップは床《ゆか》が土間になっていて、屋根はトタンでした。せまいスペースでこつこつとシリンダーをけずったり、ピストンをいじったりするところから始まったんです。先代社長（重行さん）がつくるオートバイは、かっこいいんですよ。いつもまえ向きにロマンをもって仕事をしているし、この人についていけば、いろいろ楽しい体験ができると思ったものです」

しかし、オートバイの世界で一つの時代をきずいた矢先の三十五歳《さい》のとき、重行さんは悲運にみまわれてしまうのです。

人生を変えた事故《じこ》

その日、重行さんは寝不足《ねぶそく》のまま、静岡県浜松市《しずおかけんはままつし》に向かっていました。

前日、宮城県《みやぎけん》の菅生《すごう》サーキットでレースがあり、「ＳＳ－ＩＳＨＩＩ」はヤマハやホンダ、スズキ、カワサキといった大手メーカーのバイクと対等にわたりあい、バイクファンから喝采《かっさい》をあびました。

このレースに監督《かんとく》として参戦した重行さんは、気持ちが高ぶったせいかほとんど眠《ねむ》れないまま、宮城から浜松まで車で移動《いどう》し、ヤマハがあたらしく開発中のバイクに試乗したのです。そのバイクは重行さんのさまざまな意見をとりいれて開発されたものでした。

一九八四年四月九日、浜松の空は晴れていました。

「SS-ISHII」のロゴが入ったレーシングスーツに身をつつみ、新型のバイクを試乗する重行さんの姿《すがた》をカメラが追いかけます。

峠道《とうげみち》のカーブにさしかかったときです。カーブを曲がるとき、ライダーは全身を使って体重を移動させ、車体をかたむけるのですが、このときの重行さんはつかれのせいか、カーブにあわせて体を反応《はんのう》させられず、転倒《てんとう》してしまいました。

車体はそのまま道路わきの草むらにつっこみ、重行さんはしたたかに全身をうちつけました。草むらにつっこませたのは、バイクを傷《きず》つけないためのとっさの判断《はんだん》でした。試乗のあとは、カタログ用の写真撮影《さつえい》が待っていたからです。

意識《いしき》ははっきりしていました。重行さんはすぐに立ちあがろうとしましたが、首から上しか動かせません。そのうち、はげしい痛《いた》みがおそってきました。

撮影していたカメラマンが、あわててかけよってきます。

「救急車を……」

重行さんは、そう声をしぼりだすのがやっとでした。救急車で病院にはこばれるあいだも、激痛《げきつう》で何度も意識を失いました。

緊急手術《きんきゅうしゅじゅつ》をうけ、なんとか一命をとりとめましたが、ベッドの上の重行さんは、体を動かすことができませんでした。

宮城の菅生サーキットからそのまま東京のショップにもどっていた飯星さんは、事故《じこ》の連絡《れんらく》をうけてすぐ、重行さんの奥《おく》さんとお母さんを車に乗せて、静岡県袋《ふくろ》井市《いし》の病院へ向かいました。

飯星さんの顔を確認《かくにん》すると、重行さんはベッドの上から「しばらくたのむぞ」とだけ、思いを伝えました。

このとき、現在《げんざい》社長をつとめる長男の石井勝之さんはまだ四歳《さい》で、翌日《よくじつ》に幼稚園《ようちえん》の入園式をひかえていました。勝之さんは、社員に手をひかれて入園式に行ったことを、おさない記憶《きおく》にとどめています。

神様に生かされたいのち

たいへんな事故《じこ》でしたが、重行さんは治療《ちりょう》をうけ、リハビリをがんばればまた自分の力で歩けるようになり、もちろん、バイクにも乗れると信じていました。

しかし、五月に東京の病院に移《うつ》ると、担当《たんとう》の医師《いし》にこう告げられます。

「石井さんはもう、歩くことができません。これからは、車いすで生活することになります」

飯星さんは「先代の社長は、どんな状況《じょうきょう》でも落ちこんだ姿《すがた》を周囲に見せなかった。あの事故《じこ》のあともおなじでした」とふりかえります。

じっさい、重行さんはベッドから車いすに移《うつ》れるようになると、足を使わず、両手で車のアクセルやブレーキの操作《そうさ》ができるように運転免許《めんきょ》を書きかえ、そのための車を購入《こうにゅう》しました。リハビリを口実に、その車でいろんなところへ外出するようにもなりました。

けれども、あれほど大好きだったバイクに乗ることは、永遠《えいえん》にできなくなってしまったのです。その絶望感《ぜつぼうかん》は、重行さんにしかわかりません。

のちに重行さんは「自殺しようと思ったこともあった」と、うちあけています。

「生きていてもしかたがない。海に飛びこんで死のう」

そんなふうに思いつめた日の夜おそく、家族にないしょで車を運転して海に向かったのです。

最後の一服と思って、重行さんは車のなかでタバコをすいました。サンルーフをあけていたのですが、ふっとそのサンルーフから夜空を見つめたとき、こんなことを思ったといいます。

「事故《じこ》を起こして下半身不随《ふずい》になっても、おれは生きている」

「いったいおれはなにを失ったというのだ？　たいしたことはない、歩けなくなっただけじゃないか」

「車いすや車があれば、どこにだって行ける。できないことがあれば、そこは人に助けてもらえばいいんだ」

死と向きあった瞬間《しゅんかん》、重行さんは自分が生きている喜びをあらためて強く感じたのです。そのときに胸《むね》にあふれてきた思いを、こうふりかえったこともありました。

「あのとき、おれは生きてるんじゃなく、神様に生かされているんだって、さとったんだよ。神様がまだやることがあるから生きていなさいって。それをやるまでは死ねないなって」

何度も心がおれそうになりながら、重行さんは自分の未来をしっかりと見つめたのです。車いすで生活するようになっても、夢《ゆめ》を追いつづけることはできるはずだ、と。

世界に一つしかない車いす

勝之さんのものごころがついたときから、父親の重行さんはずっと車いすで生活していました。

「子どものころはあまり話をした記憶《きおく》がないのですが、自分にも周囲にもきびしい人だなという印象がずっとありました。車いすで移動《いどう》するのがむずかしいときは、周囲がサポートしていたと思うのですが、そうしたシーンを見ていても、父が車いすだから人より苦労しているとか、ハンディキャップがあるとか、そんなふうに思ったことはありませんでした」

勝之さんが「障害《しょうがい》をもっている人が、みんな父とおなじような考え方や生き方をしているわけではない」と気づいたのは、オーエックスに入社し、さまざまな障害《しょうがい》をもつ人とであってからです。

バイク事故《じこ》で人生が大きく変わってからもゆるがなかった、重行さんのバイタリティをささえていたのは、「ものづくり」へのつきることのない情熱《じょうねつ》でした。

はじめて車いすに乗った自分を鏡にうつしたとき、重行さんはその姿《すがた》にがく然としました。

「なんてかっこ悪い乗りものなんだ。ステンレス製《せい》で重いし、乗りごこちもよくない。乗るだけで楽しくなって外出したくなるような車いすはないのか」

少しでもかっこよく、美しく、そしてはやく走りたい——。

そんな思いでオートバイの世界で努力を重ねてきた重行さんにとって、見た目のかっこよさがあまり考えられていない、福祉《ふくし》機器の発想でつくられている車いすは、不満だらけの乗りものでした。

失望した重行さんは、自分だけのかっこいい車いすをつくろうとしました。夢《む》中《ちゅう》でオートバイを改造《かいぞう》していたころとおなじように、世界に一つしかない車いすをつくろうとしたのです。

そのために車いすのデザインを研究し、こまかい部分にわたって改良を重ねていきます。機能的《きのうてき》にも、少しでも快適《かいてき》に動けるようにさまざまな部品をくみあわせ、やっと納得《なっとく》のいく車いすが完成しました。

そんなとき、当時の西《にし》ドイツのケルンという都市で開かれる世界最大のオートバイや自転車の見本市を視察《しさつ》することになりました。一九九〇年九月のことです。

世界中から集まった最新モデルのオートバイをチェックするのが目的でしたが、重行さんの目をひいたのは、自分とおなじように障害《しょうがい》をもち、車いすで会場にきている人たちの表情《ひょうじょう》の明るさでした。

彼《かれ》らが乗っている車いすは日本製《にほんせい》の車いすとはちがい、とてもカラフルで洗練《せんれん》されたデザインだったことにも、重行さんはおどろきをかくせませんでした。

ところが、その会場で、重行さんは現地《げんち》のジャーナリストから思いがけない質問《しつもん》をうけました。

「あなたが乗っている車いす、かっこよくてすてきですね。見たことがないけど、どこのメーカーですか？」

そのひとことが、重行さんに小さな自信をうえつけてくれました。自分が工夫《くふう》してつくった世界に一つしかない車いすが、海外のジャーナリストから「かっこいい」と評価《ひょうか》されたのです。

車いす生活になってからも、オートバイづくりに力を注いできた重行さんは、一九八八年十月、新たに「オーエックスエンジニアリング」という会社を千葉にたちあげました。そこでバイクの開発や研究を進め、東京の「スポーツショップイシイ」はバイク販売《はんばい》に専念《せんねん》することにしたのです。

「SS－ISHII」はバイク好きにとってあこがれのブランドとして不動の地位をきずきあげました。しかし、バイクブームの熱は少しずつさめはじめ、オートバイに夢中《むちゅう》になる若《わか》い人たちの数もへってきていました。

経営者《けいえいしゃ》としての重行さんは、そうした時代の変化にも敏感《びんかん》でした。

あらたな挑戦《ちょうせん》

オーエックスはオートバイの事業から撤退《てったい》し、車いすの事業に専念《せんねん》する――。重行さんの決断《けつだん》を、飯星さんは冷静にうけとめました。ケルンから帰国した翌年《よくねん》のことです。

オートバイが好きでオーエックスに入った社員のなかには、退社《たいしゃ》した人もいましたが、飯星さんの覚悟《かくご》は変わりませんでした。

「先代のおかげで、十五年ほど大好きなバイクの仕事にかかわらせてもらいましたから、このあたりであたらしいことに挑戦してみてもいいかなと思いました。なによりも、あの人がいいだすことなら、いっしょにやってみよう。あの人といっしょにあたらしい夢《ゆめ》を追いかけよう、という気持ちでした」

めざしたのは、オートバイを自分の思いどおりに改造《かいぞう》したように、一人ひとりのお客さんの感性《かんせい》や好みにあわせた車いすづくりです。

色やデザインといった外観はもちろん、背《せ》もたれやシート、足をおくフットボードや車輪の位置など、さまざまなところに工夫《くふう》とアイデアを加えようとしました。

「とにかく、かっこいい車いすをつくりたいんだ」

飯星さんは、重行さんがそうつぶやいたときのことをはっきりと覚えています。重行さんは、自らの夢《ゆめ》をこんな言葉でも表現《ひょうげん》しました。

「おれは、車いすのポルシェをつくりたいんだよ」

ポルシェといえば、世界ナンバーワンといってもいいスポーツカーです。重行さんはこのとき、世界一かっこいい車いすづくりを宣言《せんげん》したのです。

しかし、最初はうまくいきませんでした。

バイクの会社が福祉《ふくし》の世界に入ってきたことが歓迎《かんげい》されなかったからなのか、車いすをつくるのに必要な部品を売ってもらえないこともありました。

それならばと、オーエックスは自分たちで車いすの部品づくりに乗りだします。必要な設備《せつび》を整えるためにたいへんな借金をし、社員への給料の支払《しはら》いがおくれたこともありました。

そうした苦難《くなん》と向きあいながら、重行さんたちはオーエックスにしかつくれない、あたらしいタイプの車いすづくりに挑戦《ちょうせん》しつづけたのです。

「車いすのポルシェをつくりたい」という思いをはじめてかたちにしたのが、一九九二年に発売された「01《ゼロイチ》-M《エム》」という日常用《にちじょうよう》の車いすです。

それまで福祉《ふくし》機器の一つとして地味なイメージだった車いすですが、「01-M」では、フレームにワインレッドやライムグリーン、ブルーメタリックなどのあざやかな色を使いました。

デザインだけではありません。座面《ざめん》の高さやシートの位置を変える調整機能《きのう》がついているのも大きな特徴《とくちょう》でした。こうしたアイデアと技術《ぎじゅつ》は、オートバイの世界でさまざまな創意《そうい》工夫を重ねてきた、オーエックスだから生まれたものでした。

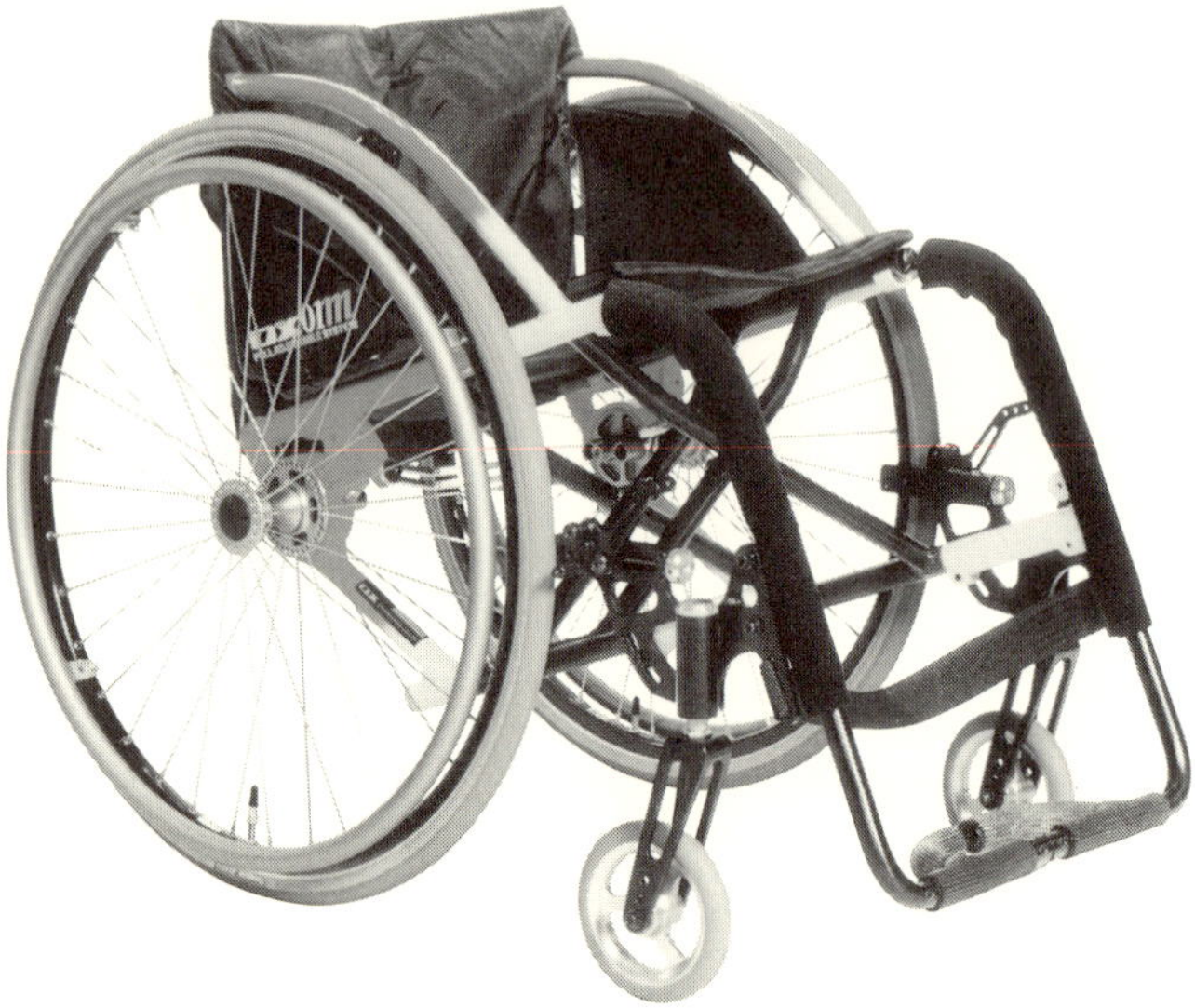

これが「01-M」。オーエックスエンジニアリングがはじめて発売した車いすです。

▲家族で東京ディズニーランドへ。前列左から２人目が石井重行さん、その左が小さいころの現社長《げんしゃちょう》・勝之さんです。
◀事故《じこ》にあうまえ、オートバイのレースで表彰台《ひょうしょうだい》のまんなかに立つ重行さん。

そして、車いすの販売《はんばい》に乗りだしたとき、重行さんには大きな夢《ゆめ》がありました。それこそが、スポーツ用の車いすの開発だったのです。

アトランタでの快挙《かいきょ》

オーエックスが陸上競技用《きょうぎよう》車いす「レーサー」の開発に乗りだしたのは、アトランタパラリンピックを二年後にひかえた一九九四年のことです。

当時、パラリンピックやIPC《アイピーシー》（国際《こくさい》パラリンピック委員会《いいんかい》）陸上競技世界選手権大会《りくじょうきょうぎせかいせんしゅけんたいかい》に出場する日本の選手たちはみんな、アメリカ製《せい》の車いすで競技にいどんでいました。「オーエックスがつくったレーサーに乗った日本人選手がパラリンピックでメダルを獲得《かくとく》すれば、オートバイの世界でつちかってきた技術《ぎじゅつ》が車いすに応用《おうよう》できたということを証明《しょうめい》できるし、オーエックスの名を世界にアピールできる」というのが、重行さんのねらいでした。

その思いをうけとめ、レーサー開発の先頭にたったのが、飯星さんです。

「オートバイはレースで勝つと、そのモデルや部品が売れるんです。車いすもパラリンピックで活躍《かつやく》すれば、大きな広告効果《こうか》を得られるはずです。しかも、当面のライバル、倒《たお》すべき相手がアメリカのメーカーがつくるレーサーでしょ。バイクをあつかっていたときに大手メーカーを相手にしてきたのとおなじように、気持ちが熱くなりました」

しかし、レーサーの開発には、いくつもの壁《かべ》がたちはだかりました。なによりオーエックスには、レーサーづくりの経験《けいけん》やデータがまったくなかったのです。

そこで重行さんは、車いす陸上の短距離《たんきょり》の選手だった畝康弘《うねやすひろ》選手を社員としてむかえいれました。畝選手は世界レベルの大会で活躍し、一九九六年のアトランタパラリンピックへの出場が内定していました。

畝選手からさまざまな意見や要望を聞きとった飯星さんは、オートバイと車いすのちがいを実感していきます。

「オートバイはエンジンの馬力で動きますが、車いすを動かすのは人です。人は、それぞれ体格《たいかく》もちがえば、障害《しょうがい》の程度《ていど》も、運動能力《のうりょく》もちがいます。一人ひとりにいかにあわせて調整していくか。それがレーサーづくりのむずかしさであり、魅力《みりょく》でした」

畝選手の感覚をとりいれながら、飯星さんはレーサーをつくるすべての部品をこまかく調整し、理想の一台を完成させようとしました。早朝から深夜までオーエックスの工場で図面と向きあう日もあれば、飯星さん自身が車いすに乗ったりもしました。

「練習で歩道を走っていて、みぞに車輪がはまったこともあります」と、飯星さんは笑いながらふりかえりますが、障害をもつ人たちが参加するイベントにも積極的に足をはこび、子どもたちが車いすで遊ぶようすや、その表情《ひょうじょう》をまぶたにやきつけました。そして、それらのすべてが、オーエックスにとってはじめてのレーサー開発の血と肉になっていったのです。

そして一年後、「GPX」と名づけられたレーサーの第一号機が完成しました。その記念すべきレーサーで、畝選手と女子の荒井《あらい》のり子《こ》選手が、アトランタパラリンピックに出場することになりました。

「日本製《にほんせい》の車いすで、メダルをとれるわけがない」

はじめての大舞台《おおぶたい》をまえに、そんな声も飯星さんたちの耳に聞こえてきました。そうした現実《げんじつ》に向きあうたび、目のまえにはとてつもなく高いハードルがあると思われましたが、むずかしいからこそ、このチャレンジには価値《かち》があったのです。

そして……。

アトランタの地で、畝選手は男子二百メートル（車いすT52クラス）で金メダル、百メートル（同）で銀メダルを、荒井選手もおなじように女子百メートル（車いすT32〜33クラス）で金メダル、二百メートル（同）で銀メダルを獲得《かくとく》しました。畝選手の二百メートルのタイム、二十六秒九〇と、荒井選手の百メートルのタイム、十九秒六四は、ともに世界新記録でした。

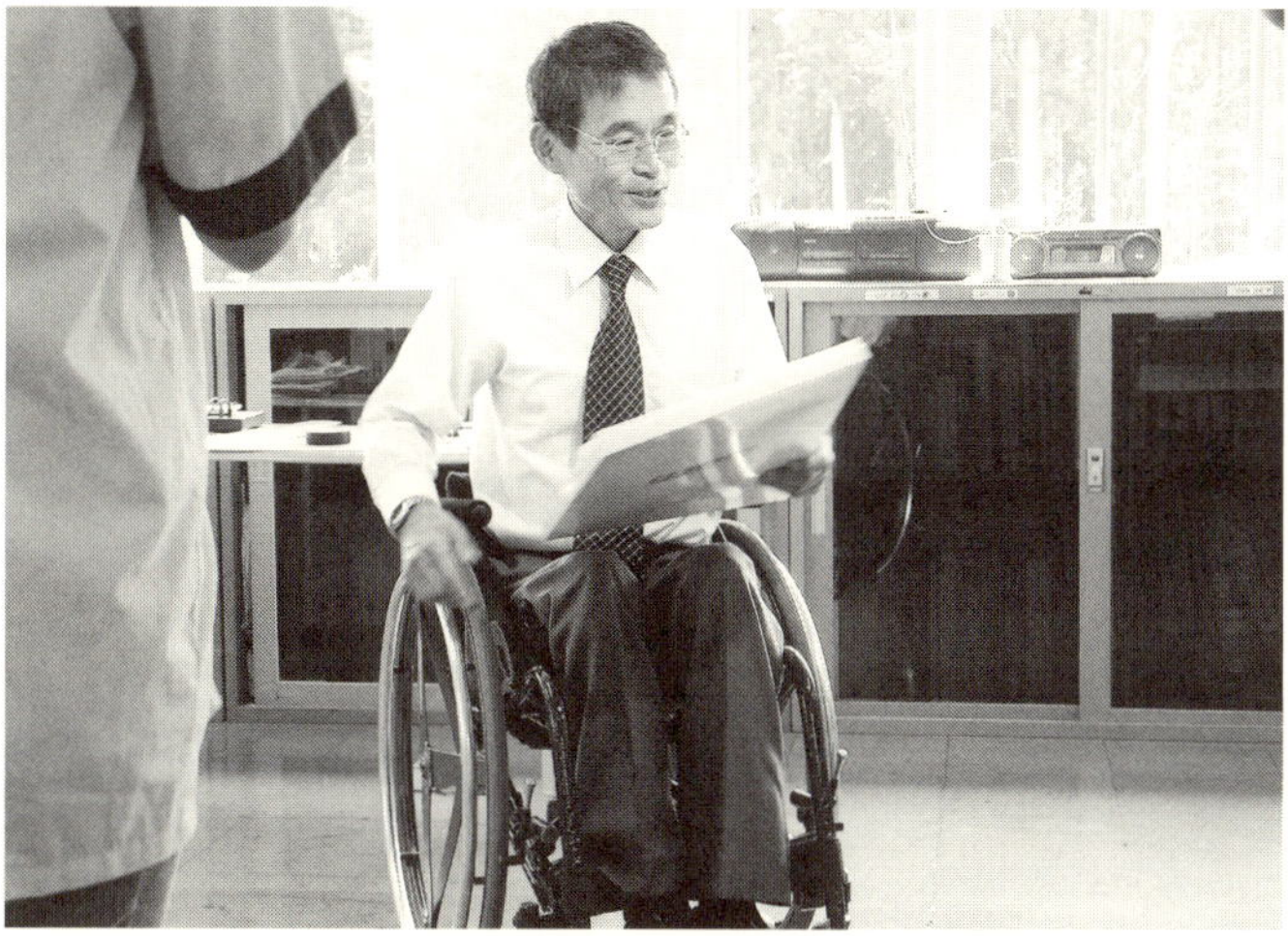

オーエックスエンジニアリング前社長・石井重行さん。

石井勝之社長（左）と小澤さん（中央）が関東《かんとう》パラ陸上《りくじょう》の応援《おうえん》に。スタンドでは選手たちに気さくに声をかけます。

飯星さんは、アトランタ（1996年）からアテネ（2004年）まで夏冬あわせて４大会のパラリンピックを担当《たんとう》しました。

日本製《にほんせい》のレーサーに乗った障害者《しょうがいしゃ》アスリートが、はじめてパラリンピックの頂点《ちょうてん》に立った瞬間《しゅんかん》でした。重行さんのねらいどおり、日本の小さな車いすメーカーの名前が、世界中にとどろいたのです。

第二章 四年後にえがいた夢《ゆめ》

歩くことができなくなり
「脊髄炎《せきずいえん》」という病名を知らされた青年が、
パラリンピックの映像《えいぞう》を見たあとにとった行動は？

ロンドンパラリンピックは佐藤友祈《さとうともき》選手の人生を変えました。

パラリンピックのかがやき

いつものようにテレビをつけると、それまで見たことのない光景が飛びこんできました。

画面にうつしだされたのは、カクテル光線にてらされた四百メートルのトラックと、その光のなかを車いすに乗った選手たちが、ものすごいスピードで疾走《しっそう》する姿《すがた》です。

二〇一二年九月のことです。イギリスのロンドンで開かれていたパラリンピック陸上競技《きょうぎ》のハイライト映像《えいぞう》が放送されていました。

「こんなにかっこいい車いすがあって、こんなにはやく走れるんだ」

出場している選手たちの名前も、それがどんな種目なのかもわかりませんでしたが、そうした光景をまぶたにやきつけた当時二十三歳《さい》の佐藤友祈《さとうともき》さんは、胸《むね》の底からわきあがってくる感情《かんじょう》をおさえることができませんでした。

佐藤さんも、車いすで生活していたからです。

「それまでのぼくは、車いすで生活している人たちは、介護《かいご》をしてもらわないとなにもできないと思いこんでいました。だから、そんな自分になにができるのかわからず、将来《しょうらい》をまえ向きに考えることができなかったんです」と、佐藤さんはふりかえります。

佐藤さんが病魔《びょうま》におそわれたのは、二十一歳《さい》のときでした。

静岡県藤枝市《しずおかけんふじえだし》の高校を卒業した佐藤さんは、東京《とうきょう》で一人ぐらしをしながら、コンビニエンスストアや、お客さんからのさまざまな意見に電話で対応《たいおう》するコールセンターで働いていました。

そんなある日、仕事を終えてアパートにもどってきたとき、突然《とつぜん》がくんと足の力がぬけて、床《ゆか》にたおれこんでしまいました。これまで体験したことのない体の異変《いへん》でしたが、三十分ほどすると体の感覚はもとにもどり、立ちあがって歩けるようになりました。

「つかれがたまっているからかな」

そう思った佐藤さんは病院へは行かず、そのまま仕事をつづけました。そのあとも、一か月に一度ぐらい、おなじような症状《しょうじょう》におそわれましたが、仕事がいそがしいのと、しばらくがまんすると回復《かいふく》してふだんどおりの生活ができるのとで、病院に行かずにすごしていました。

しかし、しだいに下半身に力が入らなくなってたおれるまでの間隔《かんかく》がみじかくなったかと思うと、ついに三十九度以上の高熱が出て意識《いしき》を失ってしまったのです。意識がもどったとき、自分の意思では体を動せなくなっていました。

すぐに東京都内の病院に入院してさまざまな検査《けんさ》をうけましたが、下半身の感覚がもどってくることはありませんでした。病名も、病気になった原因《げんいん》もわからないまま、実家のある静岡の病院に移《うつ》って治療《ちりょう》をつづけました。

「歩けなくなったことと、病気にたいするこわさが重なって、気持ちが混乱《こんらん》しました。まさか、二十一歳《さい》で自分の体がこんなことになるなんて、思ってもいませんでしたから」

病名がはっきりしないので、まわりの人たちに自分がおかれている状況《じょうきょう》をなかなか理解《りかい》してもらえません。

退院《たいいん》すると、病院から借りた医療用《いりょうよう》の車いすで生活するようになりました。医療用の車いすは重くて操作《そうさ》しにくく、実家から四百メートルほどはなれたコンビニエンスストアに行くのもたいへんでした。

「むかしのともだちとの関係もどこかぎくしゃくしていって、だれとも顔をあわせたくなくなりました」という佐藤さんは、外へ出る機会がどんどんへっていきました。パソコンでゲームをしたり、テレビを見たりしながら、一日のほとんどの時間をベッドによこたわったままますごすようになります。体重はどんどんふえて、九十キロをこえました。

担当《たんとう》の医師《いし》から「脊髄炎《せきずいえん》」という病名を告げられたのは、静岡にもどってから一年半後のことです。そのころになると、両足で立てないだけではなく、よこ腹《はら》から下の感覚もなくなっていました。

佐藤さんは二十三歳《さい》になる直前でしたが、病名が判明《はんめい》してやっと、障害者《しょうがいしゃ》手帳の交付をうけることができました。国からの補助金《ほじょきん》で、自分用の車いすを購入《こうにゅう》できましたが、症状《しょうじょう》がよくなったわけではありません。まえ向きな気持ちで外の空気をすうことができたのは、大好きなおばあさんのところへ遊びに行くときぐらいでした。

テレビでロンドンパラリンピックを見たのは、そんなときだったのです。

進化する「レーサー」

ここで話は十年以上むかしにさかのぼります。

小澤徹《おざわとおる》さんがオーエックスエンジニアリングに入社した一九九八年、オーエックスのレーサー「GP X《ジーピーエックス》」は、さらなる進化に向けて研究開発が進められていました。

進化のかぎをにぎるのは、後輪と前輪をつなぐメインフレームです。

レーサーをあやつる選手は、正座《せいざ》をするような体勢《たいせい》などで前傾姿勢《ぜんけいしせい》をとり、後輪についているハンドリムとよばれるリングをまわして、まえに進んでいきます。この体勢だと、後輪と前輪をつなぐメインフレームに、選手のほとんどの体重がかかることになります。つまり、メインフレームはレーサーにとって、心臓部《しんぞうぶ》ともいえる部品なのです。

オーエックスのレーサーに乗った畝康弘《うねやすひろ》選手たちが、はじめて出場した一九九六年のアトランタパラリンピックのとき、メインフレームの断面《だんめん》は楕円形《だえんけい》でした。

「楕円形だと、たて方向からの力には強いのですが、コーナーを曲がるときにメインフレームにかかるよこ方向からの力に弱い、という問題点がありました。その弱点を克服《こくふく》できる断面のかたちはないのか、いろいろと考えました」

と、当時レーサー開発の責任者《せきにんしゃ》をつとめていた飯星龍一《いいほしりゅういち》さんはふりかえります。

二〇〇〇年のシドニーパラリンピックに向け、飯星さんたちが開発したのは、断面《だんめん》がおにぎりのような三角形のメインフレームでした。

「ふつうの三角形だと、とがっている角の部分に負荷《ふか》が集中してこわれやすくなってしまいます。そこで、角に丸みをもたせておにぎり形にしたんです。メインフレームのかたちを変えていく発想は、ほかの車いすメーカーにはなかったと思います。オートバイの改造《かいぞう》にアイデアを注ぎこんできたオーエックスだからこそ、できた挑戦《ちょうせん》だと思います」

そうした工夫《くふう》が、選手たちの成績《せいせき》につながっていきます。シドニー大会では、オーエックスのレーサーに乗った日本人選手は、計十個《こ》のメダルを獲得《かくとく》しました。

そして、つぎのアテネパラリンピックを翌年《よくねん》にひかえた二〇〇三年、オーエックスのレーサー開発史上にのこる、大きな出来事がありました。

毎年十~十一月に日本の大分県《おおいたけん》で開かれる大分国際車《おおいたこくさいくるま》いすマラソン大会《たいかい》のマラ

ソンの部で、オーエックスのレーサーに乗った、フランスのジョエル・ジャノ選手が優勝《ゆうしょう》したのです。

大分国際車いすマラソンは、世界ではじめての「車いすだけの国際マラソン大会」として、一九八一年に第一回大会が開かれました。それ以来、国内外から世界最高レベルの車いすアスリートが集まる大会として高い評価《ひょうか》をうけてきましたが、それまでの大会で優勝したのは、みな外国製《がいこくせい》のレーサーに乗った選手たちでした。「大分国際車いすマラソンで、外国製のレーサーに勝つ」というのが、オーエックスにとって大きな目標だったのです。

ジャノ選手はそれまでアメリカ製のレーサーに乗っていましたが、入賞するのがやっとの成績《せいせき》でした。そんな選手がオーエックスのレーサーに乗るようになったとたん、車いすマラソン界の頂点《ちょうてん》にたったのです。

その後も、オーエックスのレーサーが国際舞台《ぶたい》で結果をのこすたび、「オーエックスエンジニアリング」の名前は、世界中のトップアスリートたちのあいだにひろまっていきました。小澤さんはちょうどそんなタイミングで、レーサー開発担当《たんとう》のエンジニアとして、さまざまなノウハウを学んでいったのです。

究極の職人《しょくにん》わざ

オーエックスの本社がある千葉県《ちばけん》で生まれ育った小澤さんは、大学卒業後、立体駐車場《ちゅうしゃじょう》のメンテナンスなどの仕事をしてきましたが、新聞の求人広告を見てオーエックスの入社試験をうけました。面接《めんせつ》試験のとき、営業《えいぎょう》担当者といっしょに面接官をつとめたのが飯星さんでした。

オーエックスに入社するまでの小澤さんは、障害《しょうがい》をもつ人たちに接《せっ》したことがありませんでした。高校時代から自転車の部品や組みたてに興味《きょうみ》をもっていたので転職《てんしょく》したのですが、車いすをつくる仕事は、思いえがいていたものとはちがいました。

「シートにおしりを入れたとき、腰《こし》のあたりのしめつけはどんな感じですか?」

「そのあたりの感覚はないんです」

「あっ、そうなんだ。ごめんなさい」

小澤さんは、入社したばかりのころ、アスリートとそんなやりとりをしたことを覚えています。

「言葉で教えてもらったというよりも、飯星さんの仕事を近くで見ながらいろんなことを吸収《きゅうしゅう》していきました」と、小澤さんはふりかえります。

ジャノ選手が大分国際車いすマラソンで優勝《ゆうしょう》したのは、小澤さんがオーエックスに入社して六年目のことでした。

身長が百九十三センチもあるジャノ選手が乗るレーサーは、ふつうの選手が使うレーサーよりもメインフレームが長く、そのぶん、レーサー全体の強度が弱くなります。飯星さんと小澤さんは、千葉のオーエックス本社にやってきたジャノ選手と意見を交換《こうかん》しながら、メインフレームの改良を進めました。そして、コーナーを曲がるときにかかる遠心力にしっかりと対応《たいおう》できる「ひょうたん形」の断面《だんめん》をしたメインフレームを完成させたのです。

「選手から意見を聞いて、その感覚をかたちにしていくのがぼくたちの仕事です。でも、選手によってその感覚はまったくちがうので、ある選手のデータをほかの選手に使うということはできません。レーサーは、選手の体のコンディションやニーズによって性能《せいのう》がちがう、呼吸《こきゅう》をする生きものみたいなものなんです」

小澤さんはレーサーづくりについてそう語ります。軽さと強さを追求しながら、アスリートの繊細《せんさい》な感覚にあわせていくレーサーづくりは、まさに究極の職人《しょくにん》わざといえるかもしれません。

二〇〇八年の北京《ペキン》パラリンピックでは、メインフレームの断面を「もなか形」に変えました。これは、二つの「コ」の字形の金属板《きんぞくばん》を、和菓子《わがし》のもなかのように向かいあわせに溶接《ようせつ》したもので、すでに車いすバスケットボール用の車いすで導入《どうにゅう》されていた技術《ぎじゅつ》を、石井重行《いしいしげゆき》社長のアイデアでレーサーにもとりいれたのです。

小澤さんは、その北京パラリンピックから、夏季大会の日本選手団《せんしゅだん》のメカニック担当《たんとう》に名前をつらねるようになりました。現地《げんち》で日本の陸上代表選手たちの車いすを調整するのが仕事ですが、同時に、時間を見つけては海外の選手たちが乗るレーサーのかたちや性能《せいのう》、選手たちの調整方法をチェックしながら、つぎのレーサー開発のヒントをさがしていきます。

二〇一二年のロンドンパラリンピックでは、メインフレームの素材《そざい》を、アルミとカーボンファイバー（炭素繊維《たんそせんい》、以下「カーボン」と略《りゃく》します）のどちらかから選べるようにしました。カーボンは、金属《きんぞく》素材のアルミよりも軽くてじょうぶなのですが、すべてをカーボン製《せい》にすると、とても高額《こうがく》になります。価格《かかく》をおさえるため、オーエックスではメインフレームだけをカーボンにして、座席《ざせき》のフレームはこれまでとおなじようにアルミ製にしたレーサーを開発したのです。

ロンドン大会ではそれらのレーサーに乗った選手たちが活躍《かつやく》し、パラリンピックでの獲得《かくとく》メダル数を百四個《こ》にまでのばすことができました。

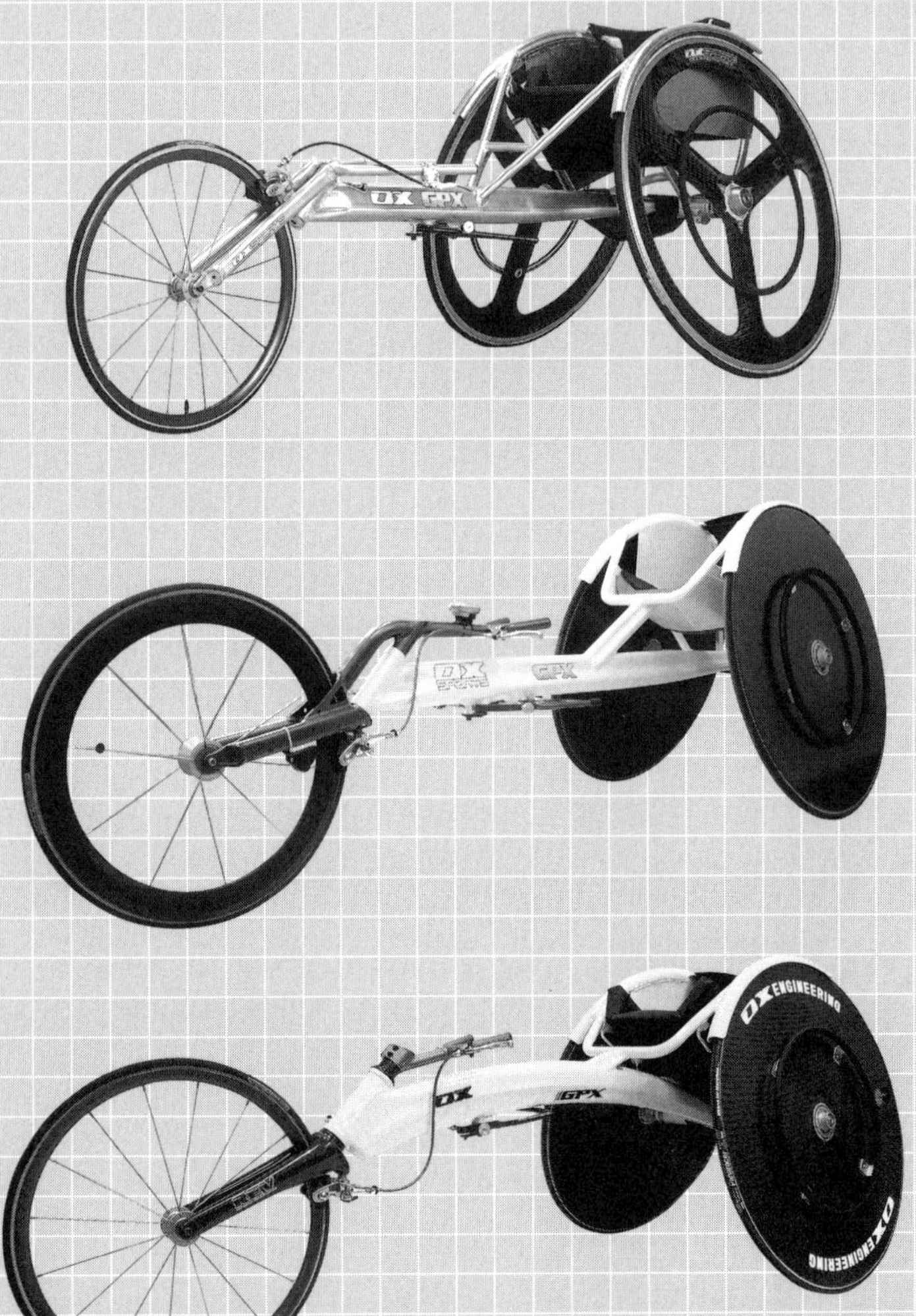

上から順に、シドニー、アテネ、北京のパラリンピックで使われた「GPX」です。前輪と後輪をつなぐメインフレームの断面《だんめん》のかたちが、それぞれ、おにぎり、ひょうたん、もなかににています。

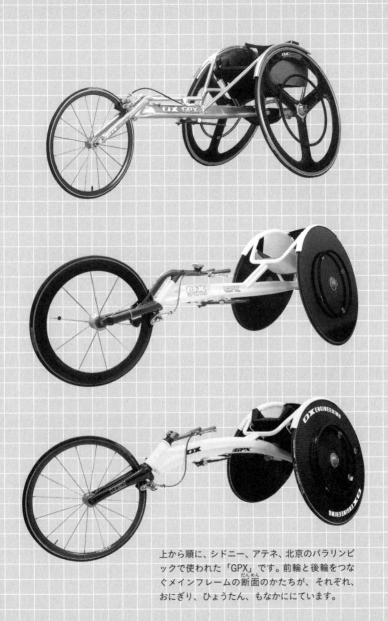

まえ向きに生きるために

その電話がオーエックス本社にかかってきたのは、ロンドンパラリンピックの感動の余韻《よいん》がのこる二〇一二年十一月のことでした。

「本格的《ほんかくてき》に陸上をやりたくて、レーサーを購入《こうにゅう》しようと思っています。来月の日産《にっさん》カップに出場する予定なので、そのときに体のサイズなどをはかっていただけないでしょうか」

それは、静岡にいる佐藤友祈さんからの電話でした。

まえがきでも紹介《しょうかい》した日産カップとは、毎年十二月に神奈川県横須賀市《かながわけんよこすかし》にある日産自動車追浜工場《にっさんじどうしゃおっぱま》のなかのテストコースと、工場のまわりのロードコースで開かれている車いすマラソンの大会で、正式には「日産《にっさん》カップ追浜《おっぱま》チャンピオンシップ」といいます。トップ選手から競技《きょうぎ》を始めたばかりの選手まで、さらに健常者《けんじょうしゃ》も参加できる大会として知られています。オーエックスの飯星さんや小澤さんも、選手として二・五キロや五キロの部に出場したことがあります。

ロンドンパラリンピックを見て感動した佐藤さんは、すぐにこの大会にエントリーしていたのです。

佐藤さんは子どものころからいろんなスポーツにチャレンジしてきましたが、どれも長くはつづきませんでした。

お父さんがレスリング選手だった影響《えいきょう》で、小学一年から中学一年までレスリングの道場へ通いました。レスリングのほかにも、サッカーや陸上競技《きょうぎ》の走《はし》り高跳《たかと》びに挑戦《ちょうせん》したり、高校時代にはキックボクシングのジムに通ったこともありましたが、どのスポーツも人にすすめられて始めたせいか、深くのめりこむことはなかったのです。

でも、今回はちがいました。

ロンドンパラリンピックを見た直後、佐藤さんは、自分から両親に「車いすの陸上競技《きょうぎ》に挑戦《ちょうせん》してみたい。四年後には、ぼくもあの舞台《ぶたい》で走りたいから」と、気持ちを伝えていたのです。

佐藤さんは、パラリンピックのことも、陸上競技用のレーサーのことも、ほとんど知りませんでした。障害者《しょうがいしゃ》スポーツの多くの種目は、障害の種類や程度《ていど》によってクラスがこまかく分かれているのですが、自分の障害がどのクラスにあたるのか想像《そうぞう》もつきません。それでも、佐藤さんはこう考えました。

「生きる目標ができたのだから、そのために必死になろう。四年後は自分がいろんな人を勇気づける存在《そんざい》になるんだ」と。

自宅《じたく》にひきこもりがちだった佐藤さんは、積極的に活動するようになりました。地元の静岡で車いす陸上の練習ができるところをさがし、車いすアスリートとして活躍《かつやく》している人たちのもとをたずねました。

彼《かれ》らの練習を見学し、レーサーにはじめてふれました。タイヤのとりつけ方や、空気の入れ方を教えてもらうことから、佐藤さんの挑戦は始まりました。

そしてレーサーの種類や性能《せいのう》についてくわしく調べはじめたとき、オーエックスエンジニアリングの存在《そんざい》を知ったのです。

あたらしい夢《ゆめ》へ

二〇一二年十二月二日、日産カップの会場で小澤さんが選手たちのレーサーの状態《じょうたい》をチェックしていると、車いすに乗った男性が近づいてきました。黄色いオーエックスのユニフォームは、どんな会場でも人の目をひきます。

名前を聞くまえから、小澤さんはその男性がオーエックスに電話をしてきた佐藤さんだとわかりました。その体つきや、車いすの操作《そうさ》を見ていると、まだ本格的《ほんかくてき》に陸上の練習をしているようには見えなかったからです。

「ぼくにレーサーをつくってください。リオデジャネイロパラリンピックに出て、メダルをとりたいと思っています」

小澤さんは笑《え》みをうかべて応対《おうたい》しましたが、心のなかは複雑《ふくざつ》でした。パラリンピックの舞台《ぶたい》で活躍《かつやく》することができるのは、想像《そうぞう》を絶《ぜっ》する努力をつみかさね、さらに強い運にめぐまれた、ほんのひとにぎりの選手であることを、それまでの経験《けいけん》で感じていたからです。なにより、いま目のまえにいる青年はまだ練習を始めたばかりで、これがはじめて出場する大会なのです。

静岡で知りあった車いすアスリートからレーサーを借りてきた佐藤さんは、十キロの部とハーフマラソンの部に出場しました。

脊髄炎《せきずいえん》の後遺症《こういしょう》で下半身の感覚がなくなり、まひの症状《しょうじょう》がのこった左手の握力《あくりょく》は二キロしかありません。佐藤さんはそんな状態《じょうたい》で必死に、ハンドリムをまわしました。体はすぐに悲鳴をあげましたが、それでも佐藤さんは必死にハンドリムをつかみ、両腕《りょううで》をまわしつづけました。

「病気になってから、こんなに一つのことに熱中したのははじめての経験でした。めちゃくちゃ苦しかったのですが、自宅《じたく》にとじこもっていたころとちがって、充《じゅう》実感《じっかん》を味わうことができました。走りながら、生きていることを実感できたんです」

ハーフマラソンの部では最後まで走りきれるか不安でしたが、佐藤さんは一時間二十三分四十七秒で完走しました。五十人の完走者中、四十五位の成績《せいせき》でした。

はじめての大会を終えた佐藤さんは「タイムも順位もダメだったけど、完走できたことがうれしかった。これは本格的《ほんかくてき》に挑戦《ちょうせん》しないと、一生後悔《こうかい》する」と、車いす陸上にたいする思いをあらためて強くしました。

そしてその場で、小澤さんに体のサイズをはかってもらったのです。

翌《よく》二〇一三年の二月、佐藤さんのもとに、オーエックスからまっさらなレーサーがとどきました。

夢《ゆめ》を夢で終わらせないために

「このままだと、リオデジャネイロパラリンピックに出場するなんて、雲をつかむような話だ」

佐藤さんの心を不安とあせりが支配《しはい》したのは、自分の体にあわせてつくってもらったレーサーで練習を始めて数か月がたったころのことです。

静岡の地元企業《きぎょう》で働くようになったので、陸上の練習ができるのは週に一度がやっとでした。このペースで練習していても、タイムはちぢまりません。

「いま、思いきって行動しなければ、夢《ゆめ》は夢で終わってしまう」

本格的《ほんかくてき》にトレーニングができる環境《かんきょう》に身をおきたいと考えた佐藤さんは、静岡をはなれる決心をしました。リオデジャネイロパラリンピックは三年後に近づいていましたが、佐藤さんは「あのまぶしい舞台《ぶたい》で走りたい」という夢をあきらめなかったのです。

佐藤さんの思いをくみとった地元の関係者が、ある車いすアスリートを紹介《しょうかい》してくれました。

二〇〇八年の北京、二〇一二年のロンドンと、二大会連続でパラリンピックに出場した松永仁志《まつながひとし》選手です。

テレビで見て感動したロンドンパラリンピックの、あのまぶしい光景のなかにいたアスリートだと知って、佐藤さんの胸《むね》は高鳴りました。

大阪府堺市《おおさかふさかいし》出身の松永選手は、高校時代のバイク事故《じこ》で脊椎《せきつい》を損傷《そんしょう》し、車いす生活になりました。佐藤さんとおなじように、松永選手は二〇〇〇年のシドニー大会をテレビで見て感動し、本格的《ほんかくてき》に陸上競技《きょうぎ》を始めます。二〇〇四年のアテネ大会は出場をのがしましたが、そのくやしさが松永選手を、ますます車いす陸上の世界へかりたてていきました。

二〇〇四年まで十年間働いていた設計《せっけい》会社をやめ、車いすアスリートとして生きていく覚悟《かくご》を決めたのです。一人のプロアスリートとして自立するため、活動を支援《しえん》してくれるスポンサーをさがしました。

しかし、それはけっしてかんたんなことではありませんでした。会社をたずねても、担当者《たんとうしゃ》にも会えないことが少なくありません。生活のために貯金を切りくずしたこともありましたが、松永選手は何度もきびしい立場に追いつめられながら、障害者《しょうがいしゃ》アスリートとして自立できる道をさがしつづけていたのです。

現在《げんざい》の松永選手は、岡山市《おかやまし》の人材派遣《はけん》関連会社「グロップサンセリテ」の社員として働いていますが、佐藤さんが松永選手をたずねたのは、松永選手がグロップサンセリテに所属《しょぞく》するまえ、岡山県の吉備高原《きびこうげん》にある職業《しょくぎょう》訓練センターで仕事をしているときのことでした。

「すごくかっこいい人だなあ」というのが、佐藤さんが松永選手にはじめて会ったときの印象です。年齢《ねんれい》は自分より十七歳《さい》も上なのに、きたえあげられた両腕《りょううで》や肩《かた》、背中《せなか》の筋肉《きんにく》についつい目がいってしまいます。松永選手も、オーエックスのレーサーに乗っていました。

「えらい体のふっくらした子だけどだいじょうぶかな」

佐藤さんをはじめて見た松永選手はそう思いましたが、レーサーで走る姿《すがた》をチェックすると、その印象は変わりました。

握力《あくりょく》が弱いせいか、佐藤さんはどうしてもスタートダッシュでおくれをとってしまいます。けれども、いったんスピードに乗ると、そのままぐんぐん加速していくのです。

「いいものをもってることはまちがいないと思いました」と、松永選手はふりかえります。

「ふつうの選手は、腕《うで》を大きくふりあげてハンドリムをまわします。ところが、佐藤は腕をあまりふりあげず、コンパクトなフォームでまえへ進むんです。このため、ほかの選手よりもはやくつぎの動作に移《うつ》れるし、スタミナにも余裕《よゆう》が生まれます。リオをめざすのなら、のこされた時間はあまりありませんでした。悪いところを修正《しゅうせい》するよりも、彼《かれ》がもっているいいところをのばしたほうがいいと判断《はんだん》したのを覚えています」

それまでは自分流のトレーニングをしていたわけですから、ロスが少ない、コンパクトなフォームは、神様が佐藤さんにあたえた天性《てんせい》の才能《さいのう》だったのかもしれません。

松永選手が働く職業《しょくぎょう》訓練センターの近くに、車いすマラソンのトレーニングができる道路がありました。佐藤さんはその道路を、毎日レーサーで走りつづけました。一日二時間近く走り、ガードレールにぶつかって転倒《てんとう》したこともありましたが、佐藤さんは歯をくいしばってきびしいトレーニングについていきました。

リオにつながる快挙《かいきょ》

車いす陸上の種目も、障害の種類や程度《ていど》によってクラス分けがされています。佐藤選手はT52クラス、松永選手はそれよりも障害の程度が軽いT53クラスです。

本格的《ほんかくてき》に松永選手の指導《しどう》をうけるようになって半年後の二〇一四年十一月、佐藤選手は大分国際車いすマラソン大会のハーフマラソンの部で、すばらしい結果をのこしました。

松永選手がT34／53／54クラスで優勝《ゆうしょう》したのにつづき、佐藤選手も、T33／52クラスではじめての優勝をはたしたのです。前年の大会にも出場していましたが、そのときは一時間十三分二十七秒で四位でした。一年後の優勝タイムは五十三分十秒ですから、二十分十七秒もタイムをちぢめたのです。はじめてハーフマラソンを走った二〇一二年十二月の日産カップは五十人中四十五位だったことを思いおこすと、わずか二年ほどのあいだに、佐藤選手は信じられないスピードで力をつけていたことがわかります。

猛練習《もうれんしゅう》の成果は、記録だけではありません。静岡にいたころはなかなか落ちなかった体重は十キロ以上もへり、七十七キロになっていました。

佐藤選手にとって幸運だったのは、松永選手がグロップサンセリテのなかに、全国でもめずらしい車いす陸上の実業団《じつぎょうだん》チーム「WORLD-AC（ワールドアスリートクラブ）」をたちあげたことです。

リオデジャネイロパラリンピックで銀メダルをとる４年前、2012年の日産カップでは、50人中45位だった佐藤選手ですが……。

ワールドアスリートクラブのメンバーと。右から佐藤選手、松永選手、生馬《いこま》知季《ともき》選手。

2016年の全国《ぜんこく》車《くるま》いす駅伝《えきでん》競走《きょうそう》大会《たいかい》で、佐藤選手（左から３人目）が所属する岡山チームは、23チーム中２位の成績《せいせき》でした。

「障害《しょうがい》をもつアスリートが会社でしっかり仕事し、競技《きょうぎ》もつづけられる環境《かんきょう》をつくりたい」という松永選手の願いが、実現《じつげん》したのです。

佐藤選手も社員として働きながら、ワールドアスリートクラブに所属《しょぞく》する選手として練習にうちこめるようになるのですが、その少しまえの二〇一五年十月、中東からすごいニュースが飛びこんできました。

カタールの首都、ドーハで開かれていたＩＰＣ《アイピーシー》陸上《りくじょう》世界《せかい》選手権《せんしゅけん》にはじめて出場した佐藤選手が、男子四百メートル（車いすＴ52クラス）で優勝《ゆうしょう》、千五百メートル（同）でも三位にくいこんだのです。

三年まえ、自宅《じたく》でパラリンピアンのまぶしい姿《すがた》を見て生きる目標をもった青年が、ふたたびめぐってくる夢舞台《ゆめぶたい》への出場切符《きっぷ》を、ぐっと手もとにひきよせる快挙《かいきょ》でした。

第三章

スーパースターの車いす

車いすテニスの金メダリスト・
国《くに》枝《えだ》慎《しん》吾《ご》選手のこだわりと、
車いすエンジニアとの共同作業。

国枝選手（右）が、あたらしい車いすをつくるための打ちあわせをしています。

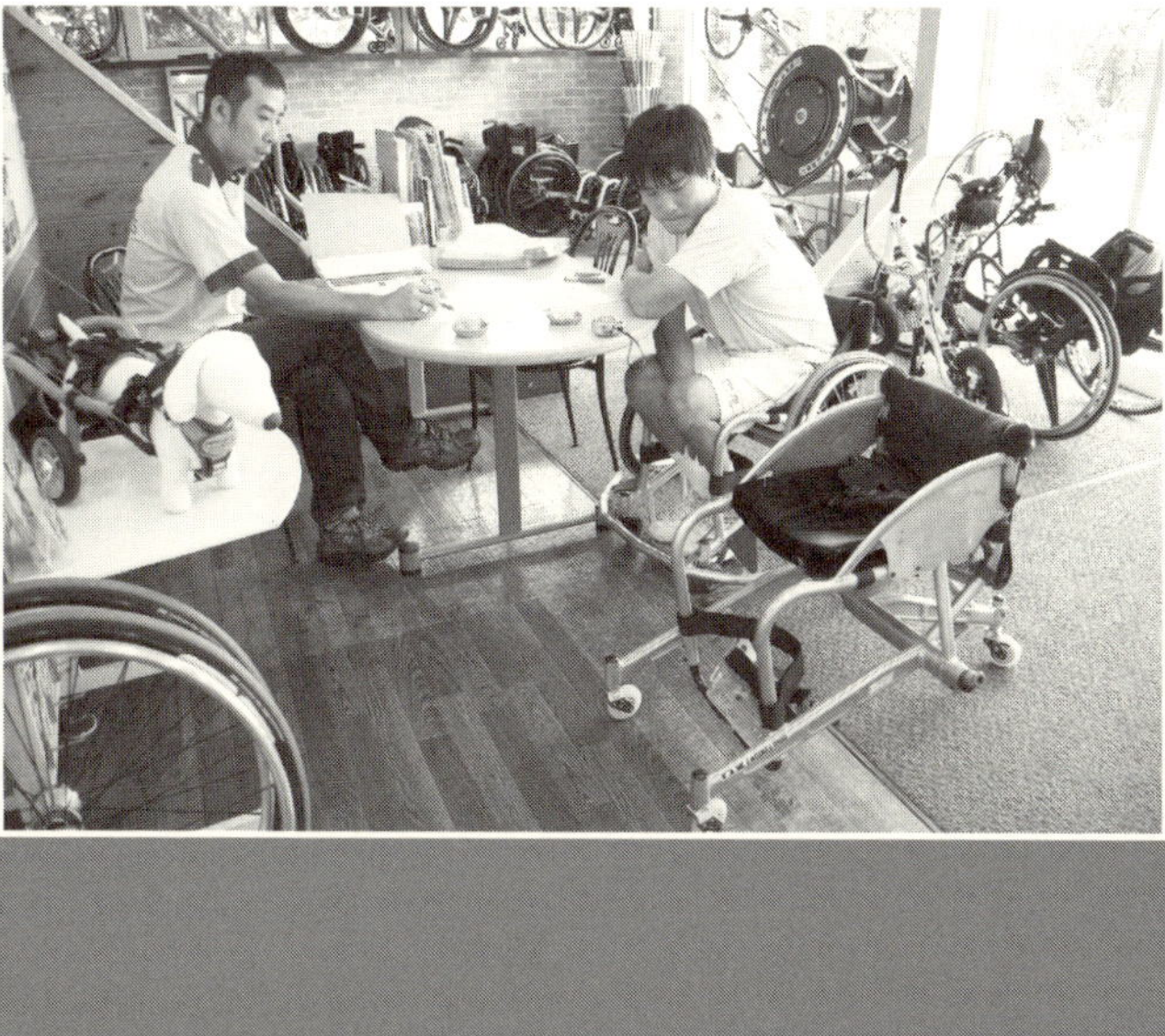

日本のたからもの

「なぜ、日本には世界一のテニスプレーヤーがあらわれないのか？」

かつて日本の報道陣《ほうどうじん》からそんな質問《しつもん》をうけたロジャー・フェデラー選手（スイス）は「なにをいっているんだ、きみは？」と聞きかえしたあと、こう答えたといいます。

「日本には、シンゴ・クニエダがいるじゃないか！」

フェデラー選手は、グランドスラム（四大大会）の男子シングルスで史上最多の計十八回も優勝《ゆうしょう》（二〇一七年二月現在《げんざい》）するなど数々の記録を打ちたて、三十代の半ばになったいまも世界の第一線で活躍《かつやく》するテニス界の英雄《えいゆう》です。そして「シンゴ・クニエダ」は、もちろん国枝慎吾《くにえだしんご》選手のことです。このエピソードは、国枝選手が海外で高い評価《ひょうか》を得てきたことをものがたっています。

いまや「日本のたからもの」ともいわれる国枝選手は、子どものころからスポーツが大好きで、運動会ではかならずヒーローになるような活発な少年でした。

病魔《びょうま》におそわれたのは九歳《さい》のとき、小学四年生にあがる直前のことです。腰《こし》に痛《いた》みを感じて病院でMRI検査《けんさ》をしたところ、脊髄《せきずい》に腫瘍《しゅよう》が見つかりました。翌日《よくじつ》には東大病院《とうだいびょういん》にはこばれ、緊急《きんきゅう》の手術《しゅじゅつ》をうけました。

「車いす生活になることは、入院中に母から聞きました。歩けなくなるとはどういうことなのか、病院にいるときはよくわかりませんでした。大好きだった野球ができなくなったらいやだなあ、体育の授業《じゅぎょう》もうけられなくなるのかなあ……。そんなことをぼんやりと考えるぐらいでした」

国枝選手は、そう当時の気持ちをふりかえります。

車いすで生活することの不便さに直面したのは、半年ほどの入院生活を終え、四年生の三学期に学校にもどったときです。階段《かいだん》ののぼりおりにも、先生やともだちの助けが必要なことにもどかしさを感じざるをえませんでしたが、それでも、けっして悲観的にはなりませんでした。

国枝少年はともだちといっしょに遊びながら、車いすでの生活に少しずつなじんでいきます。

当時は、高校のバスケットボール部を舞台《ぶたい》にした漫画《まんが》『SLAM DUNK（スラムダンク）』が、子どもたちに大人気でした。その影響《えいきょう》をうけ、バスケットボールをして汗《あせ》をながすのが、国枝少年にとっていちばんの楽しみでした。

「中学を卒業するまでは、ほぼ毎日バスケをやっていました。バスケ部のメンバーともいっしょにプレーしたし、いろんなともだちとストリートバスケもやりました。健常者《けんじょうしゃ》のバスケのルールでやっていたので、最初のころは車いすを操作《そうさ》しながらドリブルするのがたいへんでしたが、体を動かすのが楽しくてしかたなかったんです」

車いすテニスのことを知ったのは、六年生のときです。

母親にすすめられ、自宅《じたく》から車で三十分ほどはなれたところにあった吉田記念《よしだきねん》テニス研修《けんしゅう》センターに行きました。そこでは健常者のテニススクールだけではなく、車いすテニスのレッスンも開かれていたのです。

車いすテニスは、コートの広さやネットの高さは健常者《けんじょうしゃ》のテニスとおなじですが、相手のボールはワンバウンドではなく、ツーバウンドまでに打ちかえせばいいルールになっています。足をコートについたら反則《はんそく》で、車いすの操作《そうさ》だけでボールに追いつき、ラケットをふるのです。

はじめて車いすテニスを見た国枝少年は、すぐに心をうばわれました。

「当時の日本のテニス界は伊達公子《だてきみこ》さんが活躍《かつやく》されていたので、テニスは女性《じょせい》がやるスポーツだという先入観をもっていました。でも、じっさいに車いすテニスを見てそんな考えはふっとびました。これはすごいスポーツだ、自分もやってみたいと思ったんです」

このであいが、国枝少年の人生を、日本の障害者《しょうがいしゃ》スポーツの歴史を大きく変えていくことになりました。

車いすテニスプレーヤーとして生きる

国枝少年が十一歳《さい》のときに通いはじめた吉田記念テニス研修センター（ＴＴＣ）は、千葉県柏市《ちばけんかしわし》にあります。

一九九〇年にオープンしたＴＴＣには、屋外コートが十面、屋内コートが四面もあり、健常者《けんじょうしゃ》はもちろんのこと、車いすテニスの選手がベストの条件《じょうけん》でプレーできる環境《かんきょう》が整っています。国際舞台《こくさいぶたい》で活躍《かつやく》する車いすテニスプレーヤーの多くが汗《あせ》をながす、車いすテニスの聖地《せいち》のようなところです。

ＴＴＣに通いはじめた国枝少年は、最初からそのチェアワークで周囲をおどろかせました。

「ずっとバスケでボールを追いかけていたせいか、車いすの操作《そうさ》にかんしては、大人の選手とおなじくらいのレベルから始めることができました。なれないうちはラケットの使い方にとまどいましたが、少しずつボールを打つ感覚をつかんでいきました」と、国枝選手はふりかえります。

必死にラケットをふりこんだ国枝少年は、すぐに国内の大会で頭角をあらわし、高校生になると海外にも遠征《えんせい》するようになりました。

このとき、当時の世界王者だったリッキー・モリアー選手（オランダ）のプレーを見たことが、車いすテニスにとりくむモチベーションをさらに高めました。

「日本のレベルとはまったくちがう技術《ぎじゅつ》やパワーに圧倒《あっとう》されましたが、それとおなじくらい、彼《かれ》の生活が車いすテニスだけでなりたっていることに、大きな衝撃《しょうげき》をうけました」

車いすテニスをつづけていれば、プロのアスリートとして収入《しゅうにゅう》を得て、生活ができる。モリアー選手の活躍《かつやく》にふれ、自分の未来にひとすじの光がさしこんだように思えました。ばくぜんと「なにか一つ、人生において胸《むね》のはれるものをもちたい」と考えていた国枝少年は、それを車いすテニスに求め、きびしい練習に没頭《ぼっとう》していきます。

そのころオーエックスエンジニアリングでは、すでにテニス用車いすの開発が始まっていました。

はじめてのパラリンピック、はじめての金メダル

レーサーを開発するとき、車いすアスリートの畝康弘《うねやすひろ》選手を社員に採用《さいよう》したように、石井重行《いしいしげゆき》社長は、日本の車いすテニス界のトッププレーヤーだった齋田悟司《さいださとし》選手を社員として採用していました。

三重県四日市市《みえけんよっかいちし》出身の齋田選手は、小学校六年生のときに骨肉腫《こつにくしゅ》という病気で左足を切断《せつだん》し、車いす生活を送るようになりました。十四歳《さい》のとき、三重で開かれた講習会《こうしゅうかい》に参加したのをきっかけに車いすテニスを始め、一九九六年のアトランタパラリンピックに初出場をはたしました。

齋田選手は地元で公務員《こうむいん》として働いていましたが、競技《きょうぎ》に専念《せんねん》するために退職《たいしょく》し、三重をはなれて千葉のＴＴＣでトレーニングをするようになりました。そのタイミングにあわせて、オーエックスの社員として働きはじめたのです。シドニーパラリンピックを一年後にひかえた、一九九九年六月のことでした。

テニス用車いすの特徴《とくちょう》は、レーサーとおなじように、二つの車輪がカタカナの「ハ」の字のようにかたむいていることです。こうすると、方向転換《てんかん》がしやすくなり、安定性《あんていせい》が増《ま》し、前後左右への機敏《きびん》な動きも可能《かのう》になります。

このほか、転倒《てんとう》をふせぐためのリアキャスターという小さな車輪がうしろについているのも、日常用《にちじょうよう》の車いすとの大きなちがいです。

齋田選手はエンジニアたちと顔をつきあわせて、テニス用の車いすの開発を進めました。その車いすでシドニーパラリンピックに出場し、ベスト８《エイト》入りをはたした齋田選手は、当時、麗澤高校《れいたくこうこう》二年生の国枝選手にとって目標とすべき存在《そんざい》でした。

全日本選抜車《ぜんにほんせんばつくるま》いすテニス選手権大会《せんしゅけんたいかい》男子シングルスで、国枝選手が連覇《れんぱ》をつづけていた齋田選手を破《やぶ》って初優勝《はつゆうしょう》したのは、二〇〇三年のことです。それからずっと、ひとまわり年齢《ねんれい》がはなれた二人は、あるときはライバルとして、またあるときはダブルスをくむパートナーとして、日本の車いすテニス界をひっぱってきたのです。国枝選手の車いすも、オーエックスでつくられるようになりました。

国枝選手は日常用《にちじょうよう》とテニス用の車いすのちがいについて、こう語っています。

「日常用車いすは『走ってはいけません』といわれている感覚なんですが、テニス用の車いすは『自由に動きまわってもだいじょうぶだよ』っていわれているような感覚なんです」

そんなテニス用車いすでチェアワークにみがきをかけた国枝選手は、ほかの選手がバックハンドで打つようなボールでも、フォアにまわりこんで強打できるようになりました。

そして、国枝選手にとってははじめてのパラリンピックとなった二〇〇四年アテネ大会で、国枝齋田ペアは、日本の車いすテニス史上初の金メダルを獲得《かくとく》しました。オーエックスの車いすに乗ったアスリートが、陸上だけではなく、テニスの世界でもパラリンピックの頂点《ちょうてん》をきわめたのです。オーエックスのスタッフたちは歓喜《かんき》にわきましたが、二十歳《はたち》の大学生がなしとげた快挙《かいきょ》は、そのサクセスストーリーの序章《じょしょう》にすぎませんでした。

時代を切りひらいた力

日本ではじめてのパラリンピックが東京《とうきょう》で開かれたのは、いまから五十年以上もまえの一九六四年です。はじめてパラリンピックに出場した日本代表選手の多くは、太平洋戦争《たいへいようせんそう》で負傷《ふしょう》して車いす生活をよぎなくされた「傷痍軍人《しょういぐんじん》」とよばれる人たちでした。

戦争が終わってから十九年がたっていましたが、当時の日本では、障害《しょうがい》をもつ人たちはスポーツをすることはおろか、人前に出ることすら遠慮《えんりょ》していました。代表選手のほとんどは社会から隔離《かくり》された療養所《りょうようじょ》で生活している人たちで、職業《しょくぎょう》をもっている人は五十三人の出場選手のうち、五人しかいませんでした。

そうした状況《じょうきょう》のなか、ほかの国からやってきた障害者《しょうがいしゃ》アスリートたちとの交流を深めた日本の代表選手や関係者たちは、とてもおどろきました。

イギリスやフランス、イタリアなど、ヨーロッパの代表選手のほとんどが、職業をもって社会でも活躍《かつやく》していたからです。どこかうつむきがちな日本選手とはちがい、彼《かれ》らはみんな陽気で明るく、競技《きょうぎ》を心の底から楽しんでいました。

そうした現実《げんじつ》をしっかりとうけとめるところから、日本の障害者スポーツの歩みは始まったのです。

それから半世紀あまりの歳月《さいげつ》がながれ、日本の障害者スポーツをとりまく環境《かんきょう》は、大きく変わりました。障害者アスリートたちがそれぞれの競技レベルを高め、つぎつぎとあらたな時代を切りひらいていったからです。

その先頭にいたのが、国枝選手でした。

アテネパラリンピックのダブルスで金メダルを獲得《かくとく》するまえ、麗澤大学の学生だった国枝選手は「大会が終わったら、引退《いんたい》しよう」と思っていました。車いすテニスをつづけるために、家族に経済的《けいざいてき》な負担《ふたん》をかけたくなかったからです。

しかし、金メダルを胸《むね》にかけたことで状況《じょうきょう》が変わりました。大学を卒業後も大学職員《しょくいん》の仕事をしながら、競技《きょうぎ》をつづけられることになったのです。パラリンピックで結果をのこしたことで、未来が開けたのです。

「勝ちつづけて、少しでもよい環境《かんきょう》でプレーしたい」

国枝選手はあらためてその気持ちを強くもち、勝つために必要だと思ったことには、どんなことにも積極的にとりくむようになりました。

テニスの技術的《ぎじゅつてき》なことを指導《しどう》してもらうコーチのほか、メンタル専門《せんもん》のコーチとも契約《けいやく》しました。オーエックスとのつながりも、勝つために必要なことの一つでした。

七ミリのこだわり

「おたがいが意見を出しあいながら、その時点でいちばんの車いすをつくるために努力してきました」

そう語るのは、オーエックスでテニス用車いすの採寸《さいすん》からじっさいに使うようになってからの調整、修理《しゅうり》までを担当《たんとう》する安大輔《やすだいすけ》さんです。国枝選手の担当になったのは、入社七年目の二〇〇六年のことでした。

安さんが国枝選手とはじめて会ったときは、齋田選手もいっしょだったのですが、体の大きい齋田選手とくらべると「すごく小柄《こがら》な選手だな」というのが、国枝選手にたいする第一印象でした。

「当時のぼくは車いすにはくわしくなっていたけど、テニスのことはぜんぜんわかっていませんでした」と、安さんはふりかえります。

「オーエックスに入社したころは、障害者《しょうがいしゃ》の気持ちを理解《りかい》できないとよい車いすはつくれないと思って、障害をもつユーザーから聞いた話はかならずメモをとり、読みなおすようにしていました。でも、いろんな車いすをつくっていくうち、メモを参考にするだけではなく、ユーザーの立場になって、その気持ちを想像《そうぞう》することのほうがだいじだと気づいたんです。だから、このときも国枝選手の気持ちをできるだけリアルに想像できるようになりたいと思って、自分でも車いすテニスを体験することにしました」

安さんはテニスの経験《けいけん》がなかったので、まずは健常者《けんじょうしゃ》のテニスから始めました。学生時代にうちこんだバドミントンとはラケットのふり方も、ボールをとらえる動きもちがいましたが、なんとかボールを打てるようになったところで、車いすに乗ってコートに出てみました。

結果は、さんざんでした。

「あたりまえですが、車いすは、まよこには移動《いどう》できません。ですから、すぐには自分が行きたいところに動けないんです。これはたいへんだと思いました」

けれども、二〇〇八年の北京《ペキン》パラリンピックに向けて、国枝選手のあたらしい車いすの開発が求められていました。

「だから、ぼくは国枝選手にひたすら質問《しつもん》したんです。そのときに返ってきた感想や意見を集めて、そこから国枝選手が求める車いすはどういうものなのか、答えを出していくことにしました」

選手はできあがった車いすに自分の体をならしていかなければなりませんが、その過程《かてい》で選手が感じた違和感《いわかん》をとりのぞいていくのも、安さんの仕事でした。

「シートの高さを、ちょっとあげてほしい」

あるとき、国枝選手は安さんにそう要望しました。この「ちょっと」という表現《ひょうげん》は、いったいどれぐらいのことを意味しているのでしょう。安さんはそれまでの国枝選手とのコミュニケーションを参考にして、シートを五センチ上にあげてみました。

すると、その車いすに乗ってボールを追った国枝選手は「あがりすぎかな」と、首をひねりました。打点はあがりましたが、そのぶん、低いボールがひろえなくなり、ハンドリムに手がとどく範囲《はんい》もせまくなって、スピードや瞬発力《しゅんぱつりょく》が落ちたのです。

その感覚をうけとめた安さんは、シートを三センチだけ高くして、調整することにしました。このときは、国枝選手は首をふらなかったのですが、納車《のうしゃ》してから一か月ほどたったころに、こんな連絡《れんらく》がありました。

「ごめんなさい。これだと、プレーができない」

安さんは「国枝選手は、ぼくに遠慮《えんりょ》したり、まあいいやとがまんしたりしないで、いつも正直な感想を伝えてくれるから、ぼくもしっかりと仕事ができるんです」といいます。

「けっきょく、七ミリだけあげたんです。すると、そこでようやく『しっくりきた』と。わずか七ミリですが、その差が大きいんですね。国枝選手が感じたことをぼくに伝えてくれて、ぼくがそれに答えを出す。どれだけ時間や手間がかかっても、そういうやりとりをくりかえすことにしています。国枝選手のプレーやメンタルがプラス方向に向けば、それがいちばんなのですから」

「車いすは体の一部」

国枝選手は、二〇〇七年に車いすテニス史上初となる年間グランドスラム制覇《せいは》（一年間のすべてのグランドスラム大会のシングルスで優勝《ゆうしょう》すること）を達成します。そして二〇〇八年北京パラリンピックの男子シングルスで、金メダルにかがやきました。

その後の国枝選手の活躍《かつやく》は、安さんの想像《そうぞう》をこえていたかもしれません。車いすのグランドスラム大会で、男子世界歴代最多となる計四十回の優勝をかざり、年間グランドスラム制覇を計五回も達成しました（二〇一七年二月現在《げんざい》）。

世界のライバルたちに圧倒的《あっとうてき》な差をつけて勝ちつづけ、シングルスの連勝記録を百七までのばすと、二〇一二年のロンドンパラリンピックでも、シングルス連覇《れんぱ》をはたしました。

二〇二〇年東京パラリンピック招致《しょうち》活動にも積極的に参加し、障害者《しょうがいしゃ》スポーツを普及《ふきゅう》させるキーパーソンとして、注目度はさらにたかまっています。

いつからか、国枝選手は「車いすは乗りものではなく、体の一部です」と語るようになりました。そしてその体の一部は、安さんとの共同作業で進化をつづけているのです。

「ぼくが担当《たんとう》した十年あまりの間、国枝選手はどんどん成長して強くなっています。そしてぼくにも、そのときそのときの国枝選手の状態《じょうたい》にあった最高の車いすをつくってきた自負はあります。つねに成長しているから、逆《ぎゃく》にいえば、完成形がないんです。これからも二人でずっと、理想の車いすを追いもとめていきたい」と、安さんはいいます。

強
JAPAN

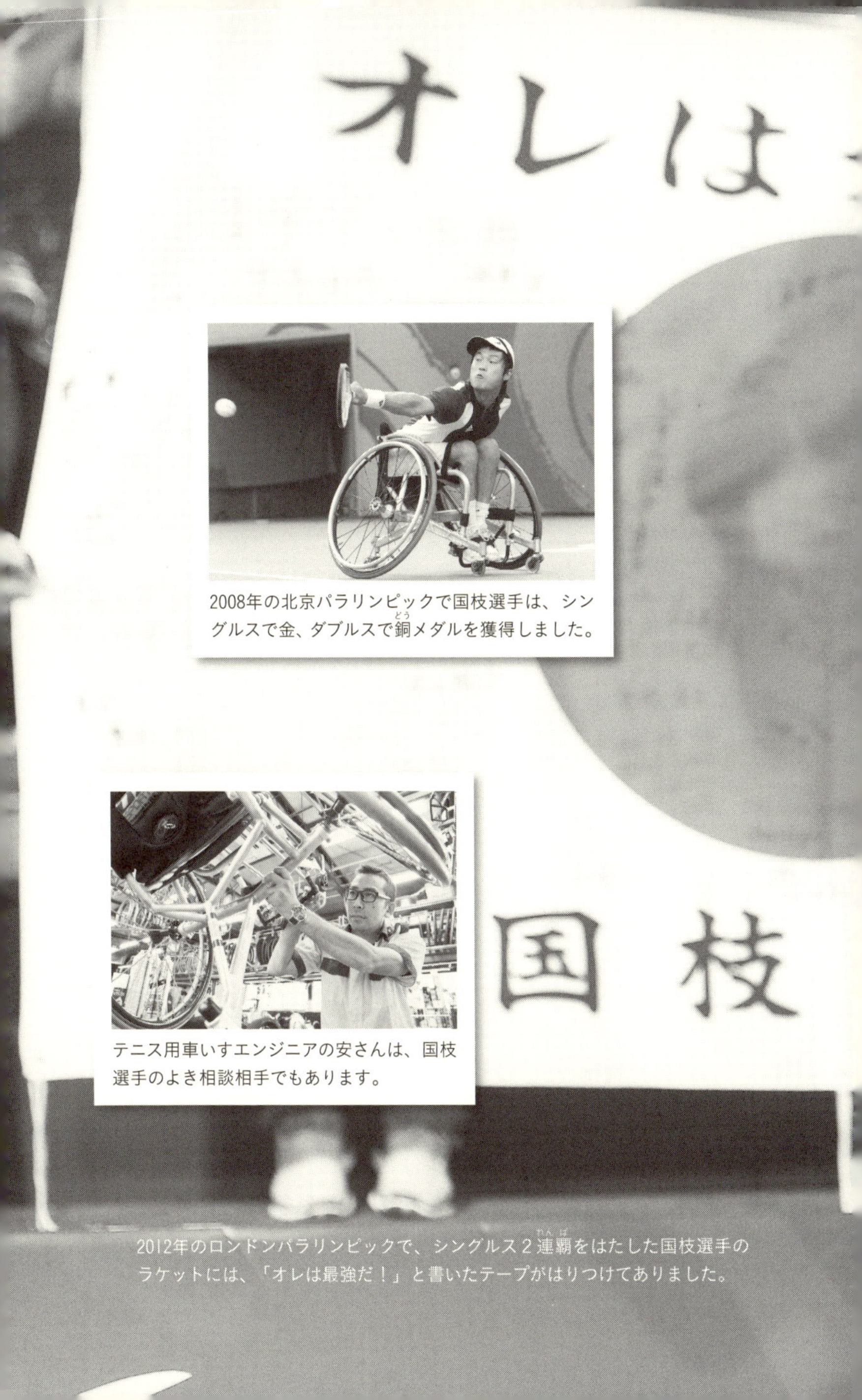

2008年の北京パラリンピックで国枝選手は、シングルスで金、ダブルスで銅《どう》メダルを獲得しました。

テニス用車いすエンジニアの安さんは、国枝選手のよき相談相手でもあります。

2012年のロンドンパラリンピックで、シングルス２連覇《れんぱ》をはたした国枝選手のラケットには、「オレは最強だ！」と書いたテープがはりつけてありました。

二人の強いきずなを感じさせる、こんなエピソードがあります。

トルコで開かれた車《くるま》いすテニス世界国別選手権《せかいくにべつせんしゅけん》に出場するために車いすを飛行機ではこんだとき、保管状態《ほかんじょうたい》が悪かったのか、部品の一部がこわれてしまいました。国枝選手から連絡《れんらく》をうけた安さんは、現地《げんち》でその部品を修理《しゅうり》してくれる、信頼《しんらい》できる工場やエンジニアを調べました。

「ここのエンジニアならだいじょうぶ、ちゃんとなおしてくれるから」

国際《こくさい》電話でそう伝えましたが、国枝選手は大会出場をキャンセルして日本に帰ってきました。「信頼関係のないエンジニアには、たいせつな車いすをさわってもらいたくない」というのが、国枝選手が欠場を決めた理由でした。

安さんは「ぼくと国枝選手は、いつもいっしょにいるなかのよいともだちのような関係ではないんです」といいます。

「あまりなかよくなりすぎると、おたがい伝えたいことを伝えられなくなりますから。でも、国枝選手の試合が始まると、ぼくは一人の国枝ファンとして、どきどきしながら見てしまうんです」

ロンドンパラリンピックで金メダルを獲得《かくとく》した試合をテレビで観戦していたとき、安さんは自分でも気づかないうちに、涙《なみだ》をながしていたそうです。

先代社長の死

「障害者《しょうがいしゃ》にたいする社会の見方を変えていきたい」

二〇〇九年、日本の車いすテニスプレーヤーとしてはじめてプロ宣言《せんげん》をした国枝選手は、いろんな場でそう発言してきました。

「障害をもっているのに、がんばってますね」

「車いすであんなプレーができるなんて、えらいですね」

国枝選手はよくそんな声をかけられるそうですが、そのたびに複雑《ふくざつ》な気持ちになるといいます。

「ぼくは足が悪いので、車いすを使ってテニスをやっている。ただそれだけなのに、周囲はそうした目で見てくれない。このような、健常者《けんじょうしゃ》と障害者《しょうがいしゃ》のあいだに生まれる意識《いしき》のずれを少しでもなくしたい。プロとしてプレーをつづけることで、障害者への見方が変わっていくことに貢献《こうけん》したいんです」

そしてそれは、自らも事故《じこ》で下半身の自由を失い、車いす生活を送ったオーエックスの前社長、石井重行さんの願いでもありました。

「オレは最強」という言葉を座右《ざゆう》の銘《めい》にしている国枝選手の負けずぎらいなところも、重行さんと似《に》ているかもしれません。

オーエックスの製品《せいひん》は、パラリンピックの冬季大会でも多くのアスリートが使用して活躍《かつやく》しています。さまざまな競技《きょうぎ》にあわせて車いすなどをつくりつづけた結果、二〇一四年のソチ冬季パラリンピックが終わった時点で、オーエックス製の車いすなどに乗った選手のメダル獲得数《かくとくすう》は、計百六個《こ》になりました。一九九六年のアトランタ大会で金銀二つずつ四つのメダル獲得から始まったことを思うと、信じられない数字です。

重行さんは、トップアスリートたちが使うスポーツ用車いすの開発でつちかった技術《ぎじゅつ》や経験《けいけん》を、たくさんのユーザーがいる日常《にちじょう》用の車いすづくりにいかしました。たとえば、アルミの材料の変更《へんこう》や、断面《だんめん》がひょうたん形のパイプの採用《さいよう》などは、レーサーの開発などで得た技術がもとになっています。

オートバイの世界で一時代をきずいた重行さんは、オーエックスを車いすメーカーとしても成功させたことで、ますます世間の注目を集めました。

当時のインタビューでは、こんな言葉ものこしています。

「日本のものづくりの特徴《とくちょう》は、世界が一目置くクオリティの高さ、技術のすばらしさ。そんなまっとうな日本人のつくったものをほしがる人が、世界にまだたくさんいる」

「オーエックスの車いすに乗りたい！　そう思うユーザーがふえるように、ユーザーの気持ちによりそった車いすをつくってくれ」

「商売はたたきこめば優秀《ゆうしゅう》なやつが育つ。でも、ウチの会社はものづくり。ものづくりの感性《かんせい》の部分は、教えてできるとかそういうものではないんだよね。若《わか》い世代との協力体制《たいせい》をもっと強固にして、いっしょにやりながら、つぎの世代に着実に伝えることが、だいじかなあと思うんだ」

そうした言葉は、オーエックスの社員たちはもちろん、多くの人の共感を集めました。

「思いついたことは、すぐにかたちにしろ」

安さんは、重行さんからそういわれたことを覚えています。

しかし……。ロンドンパラリンピックから三か月あまりがすぎた二〇一二年十二月三十一日、石井重行さんは胃がんのために六十四歳《さい》で亡《な》くなりました。四年後のリオデジャネイロパラリンピックに向け、オーエックスのスポーツ用車いすづくりが、あらたな挑戦《ちょうせん》を始めた矢先のことでした。

第四章

小さな夢《ゆめ》を育てる

「ぼくが乗る車いすはないんだ」
少年のそのひとことがヒントになって、
子どものスポーツ用車いすの開発が始まりました。

犬用車いす「ウィルモグ」。

父からうけついだ夢《ゆめ》

二〇一六年四月、大阪市南港《おおさかしなんこう》のインテックス大阪《おおさか》で、福祉《ふくし》機器や介護製品《かいごせいひん》などの大きな展示会《てんじかい》が開かれました。

福祉や介護とひとくくりにいっても、電動で角度を変えられるベッドや、車いすのまま乗りこめる自動車、介護用のロボットなど、関係する製品はびっくりするほどたくさんあります。三百社近い会社が一堂に集まった展示フロアの一角に、オーエックスエンジニアリングのブースもありました。

九月に開幕《かいまく》するリオデジャネイロパラリンピックに向けて開発したレーサーの最新モデルや、テニスやバスケットボール用の車いすのほか、カラフルなパイプのなかから好きな色を選べる日常用《にちじょうよう》の車いす、砂浜《すなはま》や舗装《ほそう》されていない道でも使える太いタイヤを装備《そうび》した車いすなど、オーエックスならではのアイデアと遊び心にあふれた車いすが展示《てんじ》されました。

ブースをたずねてきた人たちに、お目当ての製品《せいひん》の性能《せいのう》や特長を説明しているのは、父親の重行《しげゆき》さんから社長の座《ざ》をひきついだ長男の石井勝之《いしいかつゆき》さんです。

勝之さんは、コンピューターの専門学校《せんもんがっこう》を出たあと、おもちゃ販売店《はんばいてん》などで働いていましたが、二十二歳《さい》のときにオーエックスに入社しました。重行さんから「自転車部門をたちあげるから、手伝ってくれないか」と声をかけられたからです。

じっさい、オーエックスは折りたたみ自転車の開発に乗りだしたのですが、勝之さんが配属《はいぞく》されたのは、スポーツ用車いすの開発部門でした。

オートバイ販売店《はんばいてん》の時代から、重行さんといっしょに仕事をしてきたエンジニアの飯星龍一《いいほしりゅういち》さんに、徹底的《てっていてき》に車いすのしくみや製作のノウハウをたたきこまれました。

「父だけではなく、ものづくりに没頭《ぼっとう》している人たちはみんなユニークで、独創的《どくそうてき》な考えの持ち主が多いことをあらためて知りました。仕事を終えて自宅《じたく》に帰るのはいつも深夜でした。あまりにつかれていたのか、お風呂《ふろ》の湯ぶねにつかったまま、ねむってしまったこともありました」と、勝之さんはふりかえります。

その後、部品をつくる工場や、ショッピングモールのなかにある販売店《はんばいてん》などを担当《たんとう》した勝之さんは、経験《けいけん》をかさねていくたびに、父親の偉大《いだい》さを実感していきます。

「父は家庭でも仕事場でも、ハンディキャップをかかえていることを周囲に見せない、感じさせない人でした。つねにまえ向きに生きた人で、自分が乗りたい車いすをつくること、理想の車いすをつくることは夢《ゆめ》であり、ロマンなんだといいつづけていました。最後まで夢に生きた人だったと思います」

カリスマ的な創業者《そうぎょうしゃ》としてメディアにも注目された重行さんが亡《な》くなったあと、二代目として社長の座《ざ》をつぐことは、さまざまな期待と重圧《じゅうあつ》をせおうことでもありました。

勝之さんはなやみました。でもそれは、重行さんを知るたくさんの人たちが、息《むす》子《こ》の自分にどんな視線《しせん》を注ぐのかが、気になったからではありません。

自分にとってのロマンとは、夢《ゆめ》とはなにか――。

勝之さんは、そう自分自身に問いかけつづけていたのです。

そしてこのときのオーエックスのブースには、その答えをかたちにした車いすが、展示《てんじ》されていました。

「ぼくが乗る車いすはないんだ」

大阪のようにたくさんの会社が参加する大きな展示会だけではなく、オーエックスは、札幌市《さっぽろし》や仙台市《せんだいし》、広島市《ひろしまし》などで単独《たんどく》の小さな展示会を開いています。

「展示会は、であいの場でもあるんです。オーエックスがつくる車いすのイメージをしっかりとユーザーに伝え、ユーザーの人たちの声に耳をかたむけることが、展示会のたいせつな役割《やくわり》です」と、勝之さんはいいます。

オートバイの事故《じこ》で自らも車いすの生活をすることになった重行さんとおなじ感覚で、車いすづくりをすることはできません。だからこそ、勝之さんはユーザーの人たちや、車いすに関心をもっている人たちと直接《ちょくせつ》ふれあうことができる展示会《てんじかい》をたいせつにしてきました。

そのなかでも、とくべつなであいの場となったのは、札幌で開いた展示会でした。

いつものように車いすをならべていると、一人の少年がやってきました。さまざまな種類のスポーツ用車いすに目をやったあと、少年は、「やっぱり、ぼくが乗る車いすはないいんだ」と小さな声でつぶやき、さらにこうつづけたのです。

「ぼくの体にあう車いすがほしいな……」

勝之さんは、はっとしました。

「その少年のいうとおりで、それまでのスポーツ用車いすには、子どもたちに乗ってもらえるものがなかったんです。子どもは成長がはやいし、また、あきやすいところもある。特注品としてつくることはありましたが、どうしても値段《ねだん》が高くなってしまうので、なかなか商品化にふみきれなかったんです」

しかし、勝之さんは、少年のつぶやきを聞きながすことができませんでした。

「オーエックスは未来を開発していく会社であり、あたらしいものをつくりつづけていく会社です。パラリンピックに出場する選手が使うような最先端《さいせんたん》のスポーツ用車いすの開発もたいせつですが、子どもたちがだれでもスポーツを楽しめる車いす、自由に遊べる車いすがあれば、それこそ、子どもたちや社会の未来につながっていきます。そんな車いすを開発するにはどうすればいいのか、考えつづけました」

少年の言葉は、その展示会《てんじかい》にいたエンジニアの安大輔《やすだいすけ》さんの胸《むね》にもひびきました。国枝慎吾《くにえだしんご》選手たちのテニス用車いすを担当《たんとう》している安さんは、展示会の担当もかねていたのです。

安さんも、とくべつな思いでアイデアをねりました。

「トップアスリートたちは、はっきりとした目標をもって競技《きょうぎ》にうちこんでいますから、自発的にがんばります。でも、子どもたちは目のまえにスポーツができる車いすがないと、スポーツを楽しむきっかけさえつかめません。子どもたちが自由にスポーツを楽しむことができる車いすは、ぜったいに必要だと思いました」

未来のパラアスリートたちのために

創業者《そうぎょうしゃ》の重行さんは、思いついたことをすぐに実行する人でした。

家族で飼《か》っていた犬の「モグ」がヘルニアという病気にかかって歩けなくなると、重行さんは、モグのために犬用の車いすをつくろうとしました。

車いすにすわったとき、ただしい姿勢《しせい》がとれるようにシートを調整する技術《ぎじゅつ》を「シーティング」というのですが、人間用の車いすの開発でつちかったシーティングの技術を、犬用の車いすに応用《おうよう》しました。

ところが残念なことに、試作品のテストで肉球がすりむけるほどがんばってくれたモグは、完成をまたずに息をひきとりました。しかし、その後も重行さんは開発を進めました。このときも重行さんは、夢《ゆめ》とロマンを求めたのです。

改良をつづけた結果、犬用の車いす「ウィルモグ」が完成しました。乗せるというよりは、犬の体に服を着せるような感覚の車いすで、商品名には、愛犬への深い愛情《あいじょう》がこめられていました。

このように、アイデアをかたちにすることはすばらしいことですが、やみくもにあたらしい商品を開発すればいいというものではありません。会社であり、従業員《じゅうぎょういん》の生活がある以上、それを売ってもうけなくてはならないからです。

「父の情熱をしっかりとうけつぎながら、経済的《けいざいてき》な問題といかにバランスをとっていくのか。それがわたしに求められているもっとも大きな役割《やくわり》です」と、勝之さんは話します。

それでも、いや、だからこそ、子どもたちが気軽にスポーツを楽しめる車いすを開発すべきだと、勝之さんは気持ちをたかめました。

「二〇二〇年の東京《とうきょう》パラリンピックに向けて、社会にたいしてなにか発信したいと考えたときに、子どもたちのことが頭にうかびました。車いすの子どもにはできなかったスポーツが、あたらしい車いすでできるようになれば、バリアフリー（障害《しょうがい》がとりのぞかれること）の世界が一つ実現《じつげん》したことになります。子どもの立場から社会を変えていくこともできるんじゃないかと、思ったんです」

子どものためのスポーツ用車いすの設計《せっけい》と開発にあたった安さんは、子どもたちが操作《そうさ》しやすい車いすの設計に力を注ぎました。

「シートにすわったときの肩《かた》の位置や、タイヤとの距離《きょり》などを人形で確認《かくにん》し、筋力《きんりょく》の弱い子どもでも直進やターンをしやすいように工夫《くふう》をしました。国枝選手が監修者《かんしゅうしゃ》になって協力してくれたことも、大きな力になりました」

対象年齢《ねんれい》は、三歳《さい》から十五歳まで。サイズはSとMの二種類ですが、成長にあわせてシートの幅《はば》などを調整できるようにしました。こうすることで、育ちざかりの子どもでも、長いあいだ使うことができるようになったのです。

テニスや陸上競技《きょうぎ》はもちろん、ぶつかったときの衝撃《しょうげき》をやわらげる部品をとりつければ、バスケットボールもできます。

試作品ができあがると、さっそく勝之さんは子どもたちに試乗してもらいました。まえがきで紹介《しょうかい》した車いす陸上競技のクラブ、「横浜《よこはま》ラ・ストラーダジュニア」の子どもたちのもとへとどけたのです。

「すごく動きやすい」

「片手《かたて》の力だけで、動けるなんてすごい」

そんな感想を口にしながら、子どもたちは車いすをくるくる回転させてはしゃいでいます。

子どもたちの笑顔《えがお》を見た勝之さんは、未来への夢《ゆめ》をはっきりと思いうかべることができました。

「この車いすで体を動かす楽しさを知った子どもが、将来《しょうらい》パラリンピックのメダリストに成長してくれれば、最高にうれしいですね」

「Here《ヒア》 we《ウイ》 go《ゴー》」という英語があります。日本語に訳《やく》せば「さあ、始めよう」という意味です。すべての子どもたちにそうよびかけるように、あたらしいスポーツ用車いすは「WeeGO《ウィーゴー》」と名づけられました。

「行くぞ、国枝サーブ」

二〇一六年八月の最後の土曜日、国枝選手たちが腕《うで》をみがいた千葉《ちば》の吉田記念《よしだきねん》テニス研修《けんしゅう》センター（TTC）に、ラケットを持った車いすの子どもたちが集まってきました。日ごろの練習の成果を披露《ひろう》する場として、「夏休《なつやす》みジュニア車《くるま》いすテニス大会《たいかい》」が開かれるのです。

あいにくの雨模様《あめもよう》でしたが、十三人の子どもたちが参加しました。

大会は上級者、中級者、初心者の三つのクラスに分けておこなわれました。それ

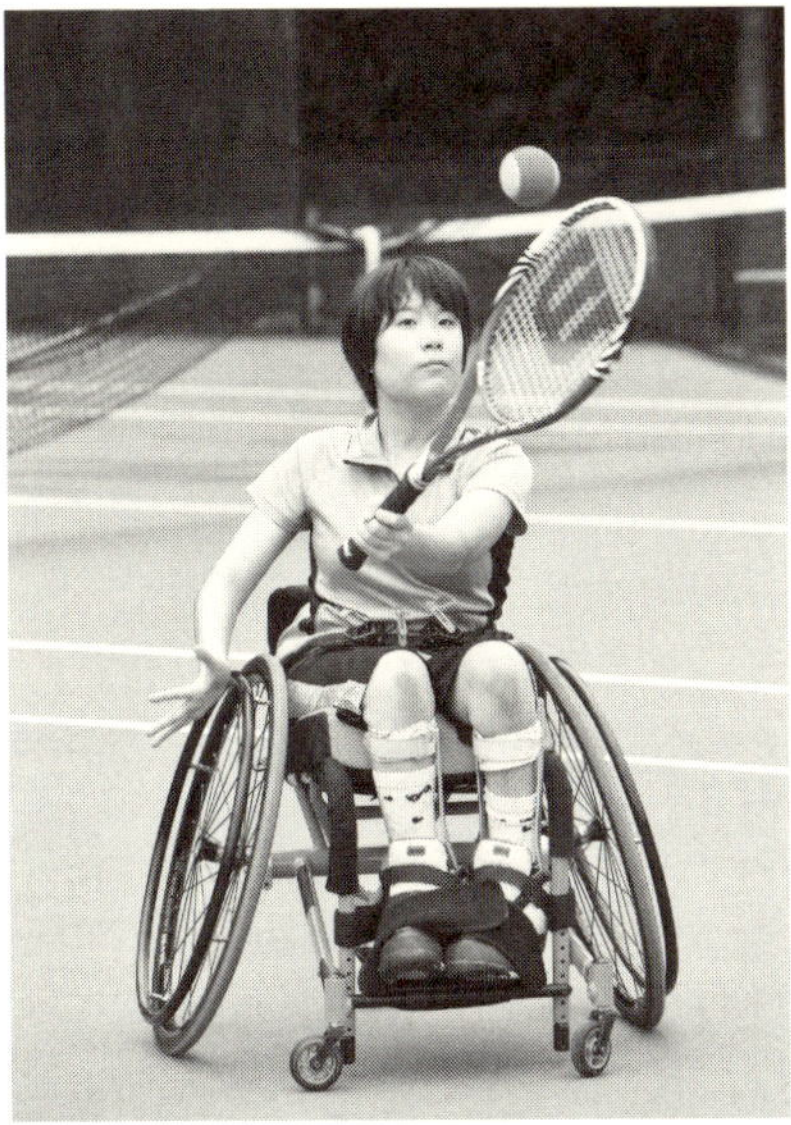

「WeeGO」に乗って「夏休みジュニア車いすテニス大会」に参加した高橋夢果《たかはしゆめか》さん。

「WeeGO」の開発には、国枝選手（左）の意見もとりいれられました。

ぞれにイエローボールクラス、グリーンボールクラス、レッドボールクラスと、色の名前がついています。

車いすテニスを始めたばかりの子どもが多いレッドボールクラスは、ふつうのコートの半分を使ってプレーします。イエローとグリーンは通常《つうじょう》の広さのコートでプレーしますが、グリーンで使うボールはイエローのボールよりも空気圧《くうきあつ》を低くして、ボールのはずみをおさえています。

「はい、みなさん、帽子《ぼうし》をとってください。おはようございます」

レッドボールクラスのコートに集まった七人の子どもたちにそう声をかけたのは、ＴＴＣで子どもたちを指導《しどう》している黒野龍太《くろのりょうた》コーチです。レッドボールクラスははじめて試合をする子がほとんどなので、ルールやスコアのつけ方を、黒野コーチがプレーしながら教えていきます。

「国枝サーブ、行くぞ」

黒野コーチがそういってサーブを打つと、緊張《きんちょう》していた子どもたちの表情《ひょうじょう》から白い歯がのぞきます。

サーブがコートに入ったかどうか、みんなで確認《かくにん》します。

「アウトだったら、大きな声でアウトっていおうね。手もあげるとわかりやすいよ」

黒野コーチはスコアカードをめくりながら、カウントのコールの方法も教えていきます。

「はい、30－30になりました。これは？」

黒野コーチの問いかけに、子どもたちも大きな声でこたえます。

「サーティ・オール」

「40－40は？」

「フォーティ・オール」

「そう、フォーティ・オールになったら、ジュースです。わからない人がいたら、わかる人に教えてもらってね」

そんなやりとりを何度もくりかえしたあと、試合が始まりました。

小学一年生の田村龍之介《たむらりゅうのすけ》くんと、中学一年生の高橋夢果《たかはしゆめか》さんの対戦です。龍之介くんがサーブを打とうとすると、黒野コーチの声援《せいえん》が飛びます。

「国枝サーブ、打ってもいいよ」

笑ったことで体の力がぬけたのか、龍之介くんのサーブはネットにひっかかってしまいました。すぐに黒野コーチの声が飛んできます。

「フォルト！　夢果に点数を入れよう」

子どもたちは、自分たちでスコアをつけ、ゲームをとるたびに、せんたくばさみを一つ、シャツのすそや帽子《ぼうし》のつばにはさんでいきます。そのせんたくばさみで鼻のさきをはさんで、みんなを笑わせたのは、小学四年生の関谷譲《せきやじょう》くんです。

小学五年生の樋口香南《ひぐちかなん》さんは、三か月ほどまえに車いすテニスを始めました。

香南さんは、生まれつき二分脊椎症《にぶんせきついしょう》という病気で、ひざから下を動かすことができません。「クラッチ」とよばれるつえを使えば歩けますが、長い距離《きょり》を移動《いどう》するときは、車いすを使っています。

小さなころからピアノを習っていましたが、車いすテニスの女子日本代表として活躍《かつやく》する上地結衣《かみじゆい》選手のプレーをテレビで見てから、自分もテニスがしたくなりました。

上地選手の車いすも、オーエックスの安さんが採寸《さいすん》しています。競技《きょうぎ》を始めたばかりの香南さんは、TTCから借りた車いすでプレーしていますが、「いつか、わたしも上地選手とおなじ車いすでプレーしたい」と、はにかみながら話してくれました。

お母さんが心配そうに見つめるなか、香南さんはサーブをきれいに相手コートに入れていきます。龍之介くんとの試合では、少しずつラリーもつづくようになり、二人とも上達していくのがわかります。

「香南ちゃん、気をつけろよ、龍之介の国枝サーブがくるぞ」

黒野コーチの声に、また笑顔《えがお》の輪がひろがりました。

ヒーローにあこがれて

上級者の子どもたち三人が参加したイエローボールクラスで、ネットすれすれにきれいな弾道《だんどう》のボールを返していたのは、中学一年生の坂口竜太郎《さかぐちりょうたろう》くんです。

竜太郎くんは二歳《さい》のとき、交通事故《じこ》で下半身の機能《きのう》を失いました。竜太郎くんを乗せたおじいさんの車に、居眠《いねむ》り運転をしていた車がぶつかってきたのです。

脊髄損傷《せきずいそんしょう》という診断《しんだん》をうけたときのショックを、お父さんはまるで昨日のことのように覚えています。

竜太郎くんは、わきより下の体の感覚がもどらず、事故から三か月後、リハビリのためにアメリカにわたりました。

メキシコとの国境《こっきょう》に近いカリフォルニア州のサンディエゴで、竜太郎くんはけんめいにリハビリにとりくみました。

「アメリカでのリハビリの経験《けいけん》で、竜太郎は明るくて、ものおじしない性格《せいかく》になったと思います」とお父さんがふりかえるように、日本に帰ると、竜太郎くんは活発な少年に育ちました。体を動かすのが大好きで、ともだちといっしょにドッジボールにも熱中しました。

そんな竜太郎くんが車いすテニスにであったのは、五歳《さい》のときのことです。北京《ペキン》パラリンピックで金メダルを獲得《かくとく》した国枝選手のプレーをテレビで見ておどろき、感動したのです。

「いま、テレビでやってるやつ、ぼくもやってみたい」

竜太郎くんの思いを、家族はしっかりとうけとめました。

「障害《しょうがい》があっても、竜太郎がやりたいと思ったことは、どんなことにでもチャレンジさせようと考えていました」というお父さんは、当時くらしていた神奈川県厚木市《かながわけんあつぎし》の近くにあったテニススクールに、車いすの子どもに練習させてくれるかどうかたずねました。

しかし、竜太郎くんをうけいれてくれるところはありませんでした。

「車いすテニスを教えられるコーチがいない」

「前例がない」

というのが、その理由でした。

竜太郎くんがお父さんにつれられてTTCへ行ったのは、その直後です。お父さんが国枝選手のことを調べるうち、国枝選手はTTCで練習していることがわかったのです。

「車で二時間ぐらいかかりましたが、TTCに行けば、竜太郎があこがれている国枝選手に会えるかもしれないと思ったんです。練習スケジュールを確認《かくにん》したわけではなかったのですが、もし、国枝選手にお会いすることができれば、テニススクールに入れずにがっかりしていた竜太郎にとって、大きなはげみになるかもしれないと思いました」

その行動力が、テニスの神様をほほえませたのでしょうか。

なんと、竜太郎くんがＴＴＣにはじめて行ったその日、国枝選手がコートで練習していたのです。

車いすを自分の体の一部のようにあやつり、魔法《まほう》のようなチェアワークでボールをとらえる金メダリストの姿《すがた》に、竜太郎くんは魅了《みりょう》されました。

それだけではありません。竜太郎くんがいることに気づいた国枝選手は、かつての自分とおなじようにはじめてテニスコートにやってきた少年に声をかけ、テニスボールでいっしょに遊んでくれたのです。

車いすテニスの世界で頂点《ちょうてん》にたつヒーローが、竜太郎くんが未来を見つめる大きなささえになりました。

車いすでむすばれた友情《ゆうじょう》

生後まもないころに腫瘍《しゅよう》がみつかり、車いすで生活するようになった小学五年生の遠山勝元《とおやまかつもと》くんが、竜太郎くんにはじめてであったのは、横浜《よこはま》にある神奈川県立こども医療《いりょう》センターの待合室でした。

勝元くんが三歳《さい》、竜太郎くんが五歳のときのことです。

待合室のベンチでゲームをしている竜太郎くんに、うしろからのぞきこんだ勝元くんが声をかけたのがきっかけでした。

二人はすぐに意気投合し、病院の廊下《ろうか》で追いかけっこを始めました。ほかの患者《かんじゃ》さんたちに迷惑《めいわく》だからと病院の人におこられましたが、このであいをきっかけに、二人は「りょうくん」「かっちゃん」とよびあう仲になります。おたがいの連絡先《れんらくさき》を交換《こうかん》し、家族ぐるみの交流も始まりました。

その関係は、ともだちという言葉だけでは表現《ひょうげん》できないかもしれません。

北京パラリンピックの翌年《よくねん》、竜太郎くんの家族は、神奈川県の厚木から千葉県の浦安市《うらやすし》にひっこしました。すると、勝元くんの家族もおなじように浦安にひっこしてきたのです。二組の家族はいまも、おなじマンションの九階と二階にくらしています。

おなじ小学校に通うことになった竜太郎くんと勝元くんは、学校が終わるといつもいっしょに遊びました。

そして、竜太郎くんの車いすテニスへの興味《きょうみ》がどんどんふくらんでいくと、お父さんは思いきった行動に出ました。

「もっとうまくなりたいのなら、毎日練習できる環境《かんきょう》をつくったほうがいい。車いすテニスができるスクールが近くにないなら、自分たちでつくるしかない」

そう考えたお父さんは、なんと「浦安《うらやす》ジュニア車《くるま》イステニスクラブ」というテニススクールをたちあげたのです。市営《しえい》コートなどの練習場所をさがし、テニス経《けい》験《けん》がないのに自ら指導《しどう》にあたりました。

勝元くんも週に一度、浦安ジュニア車イステニスクラブでラケットをふるようになりました。竜太郎くんとの練習でぐんぐんテニスの腕《うで》をのばし、この日も中級者のグリーンボールクラスですばらしいプレーを披露《ひろう》しました。

「あと四年しかなくて、たいへんだと思うけど、東京パラリンピックに出場したい」と、ジュニア世代の国内ランキングで一位になった竜太郎くんは、大きな夢《ゆめ》を語ります。勝元くんは「テニスは大好きだけど、最近はソフトボールにも興味《きょうみ》がわいてきた」と笑いますが、車いすでむすばれた友情《ゆうじょう》は、これからもつづいていくでしょう。

二人の帽子《ぼうし》のつばには、汗《あせ》でにじんだ国枝選手のサインがありました。

「国枝選手みたいになれるぞ」

「ゲームを楽しむためにハイタッチを、相手に感謝《かんしゃ》するために握手《あくしゅ》をしよう」

子どもたちにそんな声をかけつづけた黒野コーチは、ＴＴＣで教えるようになって四年になります。

ＴＴＣで教えるようになってからまだ期間はみじかいですが、教え子のなかには、国内の大会で結果をのこしはじめた高校生や中学生もいます。子どもたちが強くなっていくのを近くで見守るのは大きな喜びですが、黒野コーチは「将来《しょうらい》、世界レベルの選手になれなくても、車いすテニスを始めた子どもたちには夢《ゆめ》をもって生きてほしい」といいます。

「子どもの変化は、いつもリアルに伝わってきます。はじめはあいさつもできなかった男の子が、テニスをして表情《ひょうじょう》が明るくなり、あいさつができるようになっていく。テニスがうまくなるのはもちろんですが、それ以外の場面でも、子どもたちの成長にふれられるのがうれしい」

大会は雨のため、予定よりもはやく終わりました。

イエローボールクラスは竜太郎くん、グリーンボールクラスは勝元くん、レッドボールクラスは小学四年生の加藤純奈《かとうじゅんな》さんが優勝《ゆうしょう》しました。

表彰式《ひょうしょうしき》が終わったあと、黒野コーチは子どもたちにこんな声をかけました。

「ここまでつれてきてくれたお父さんやお母さんに、ありがとうっていいましょ

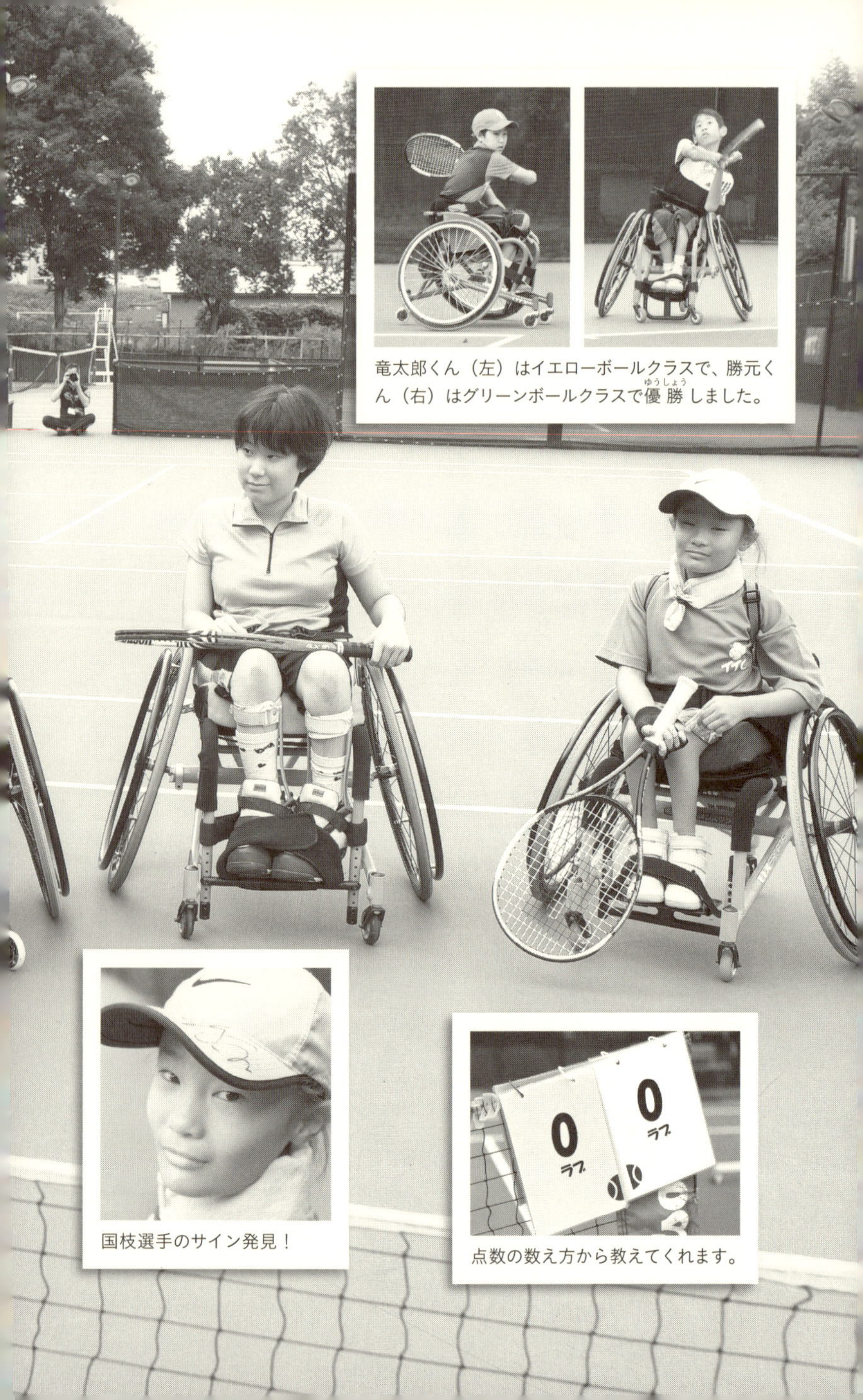

竜太郎くん（左）はイエローボールクラスで、勝元くん（右）はグリーンボールクラスで優勝《ゆうしょう》しました。

国枝選手のサイン発見！

点数の数え方から教えてくれます。

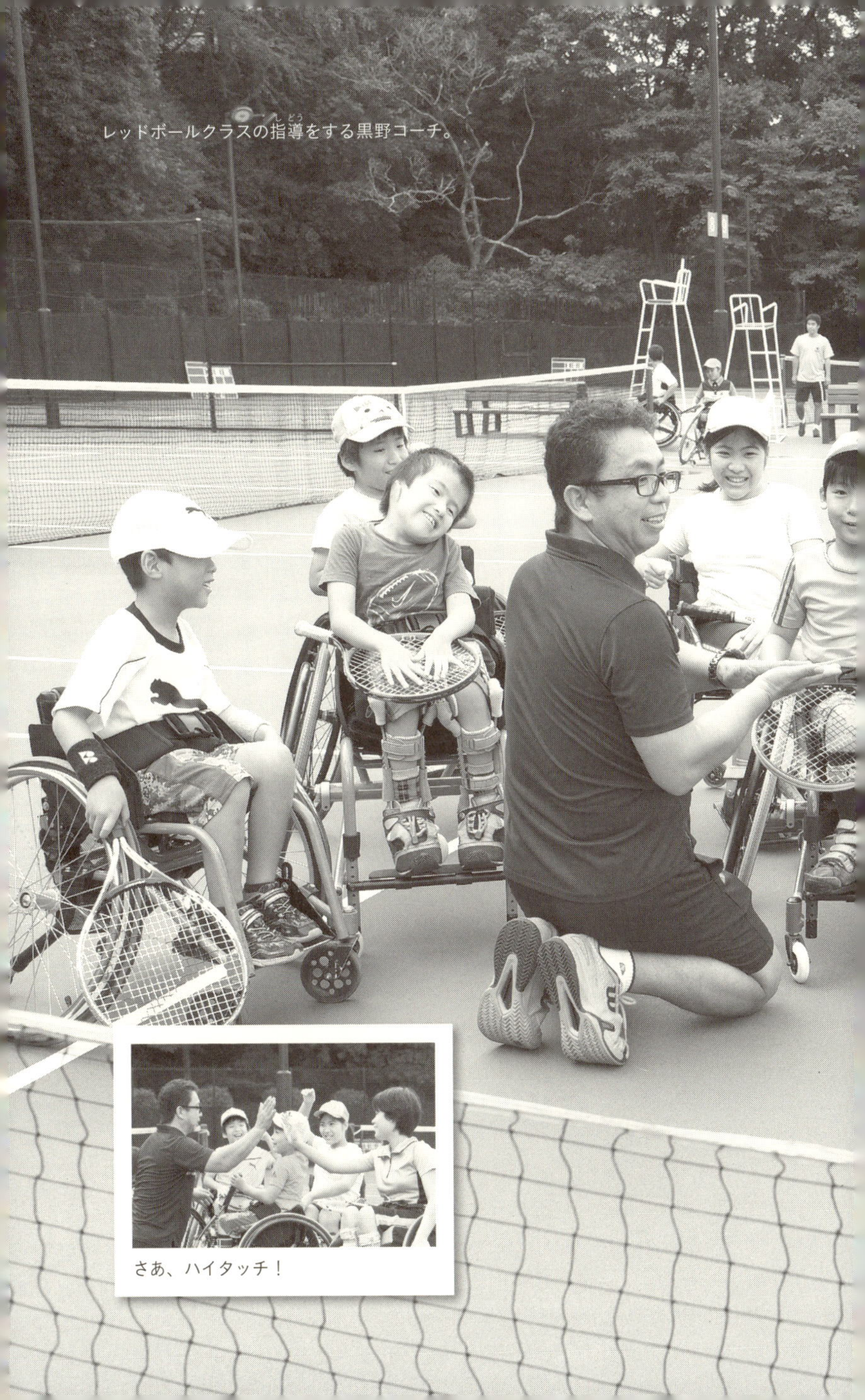

レッドボールクラスの指導《しどう》をする黒野コーチ。

さあ、ハイタッチ！

う。そしていっしょにたたかってくれたみんなにも、ありがとうって。今日はTTCの小さな大会だったけど、これをスタートラインにして、大きな大会に出場してがんばってください。東京や千葉の大会で勝ったら、つぎは全日本で勝つ。そしたら、つぎは世界で勝つ。お父さんやお母さんといっしょに大きな夢《ゆめ》を見て、がんばってください。お父さんもお母さんも、みんながんばる姿《すがた》を見るのが、いちばんうれしいんだから」

子どもたちはみんな、熱心に黒野コーチの話に聞きいっています。最後は黒野コーチのこんな言葉で、大会は終わりました。

「がんばればがんばるほど、くやしくて泣きたくなることにいっぱいぶつかると思う。でも、もっとがんばってその壁《かべ》を乗りこえていこう。そうすればいつか、国枝選手みたいになれるぞ」

第五章

未来への一歩

車いすが育《はぐく》んだ、
凌《りょう》くん（小六）のリーダーシップと
杷《は》奈《な》さん（小三）のわくわく好《こう》奇《き》心《しん》。

凌くん（右）といっしょに走る、パラリンピック金メダリストの土《つち》田《だ》和《わ》歌《か》子《こ》選手（左）。

最後の調整

第二十六回ジャパンパラ陸上競技大会《りくじょうきょうぎたいかい》は、二〇一六年六月四日、新潟市《にいがたし》のデンカビッグスワンスタジアムで開かれました。目前にせまったリオデジャネイロパラリンピックに出場する、日本の代表選手を決める大会の一つです。日本のトップパラアスリートたちの多くが顔をそろえ、取材をする記者やカメラマンの数も、ふだんの大会の何倍にもふくらんでいました。

スタジアムから少しはなれたサブグラウンドに、オーエックスエンジニアリングの小澤徹《おざわとおる》さんがいました。いろんな部品や工具を入れたケースを開き、ウォーミングアップをする選手たちをじっと見つめています。

オーエックスの陸上競技用車いす「レーサー」に乗る選手たちは、レースの直前まで、その日の体のコンディションと、レーサーの状態《じょうたい》のチェックに余念《よねん》がありません。少しでも違和感《いわかん》を覚えると、小澤さんに相談します。選手からの要求にすぐにこたえられるように、小澤さんはずっと待機しているのです。

ウォーミングアップを始める選手たちのなかに、佐藤友祈《さとうともき》選手もいました。二〇一五年十月に開かれたIPC陸上世界選手権《アイピーシーりくじょうせかいせんしゅけん》ドーハ大会《たいかい》の車いすT52クラスの男子四百メートルで優勝《ゆうしょう》、千五百メートルでも三位という好成績《こうせいせき》をおさめた佐藤選手は、この二つの種目でリオの出場枠《しゅつじょうわく》をすでに獲得《かくとく》していました。

佐藤選手にとってこの日の大会は、はじめてのパラリンピックに向けた最後の実戦の舞台《ぶたい》です。

ゴールデンウィークに鳥取市《とっとりし》で開かれた日本《にほん》パラ陸上競技選手権大会《りくじょうきょうぎせんしゅけんたいかい》のあと、佐藤選手は小澤さんに、シートの幅《はば》を少しせまくしたあたらしいレーサーを注文していました。体がシートに、よりフィットするようにしたかったのです。テニスの国枝慎吾《くにえだしんご》選手が、車いすのシートの高さの調整を、担当《たんとう》エンジニアの安大輔《やすだいすけ》さんに依頼《いらい》したのとおなじ気持ちだったのでしょうか。

この日のレースの結果しだいでは、パラリンピックの本番では、もとのレーサーにもどすことも考えていましたが、ウォーミングアップを終え、あたらしいレーサーに乗って小澤さんに近づいてきた佐藤選手の表情《ひょうじょう》には、笑《え》みがうかんでいました。

「小澤さん、ばっちりです。今日はいい結果が出そうです」

その言葉のとおり、佐藤選手はこの大会でもすばらしい走りを見せました。

T52クラスの百メートル、四百メートル、千五百メートルの三種目に出場し、十九秒七二、五十八秒二〇、四分〇秒〇九のタイムですべて優勝《ゆうしょう》したのです。

選手たちは、レーサーのハンドル部分に小さなスピードメーターをつけて走るのですが、佐藤選手はこの日最後の出場種目となった千五百メートルでは、スピードメーターをつけずにレースにいどみました。「タイムを気にせず、気持ちよく走りたい」と考えたからです。

レース後は、ミックスゾーンとよばれる場所で、記者の人たちにかこまれてインタビューをうけました。

「二十一歳《さい》のとき、脊髄炎《せきずいえん》になりました」

「左手の握力《あくりょく》は、二キロしかありません」

何度も聞かれた障害《しょうがい》についての質問《しつもん》にも、佐藤選手はていねいにこたえていきます。

四百メートルで優勝《ゆうしょう》したあとの会見では、記者から外国人アスリートの名前が出ました。アメリカのレイモンド・マーティン選手です。

佐藤選手とおなじT52クラスの選手で、二〇一二年のロンドンパラリンピックでは百メートル、二百メートル、四百メートル、八百メートルの四種目で金メダルを獲得《かくとく》しました。二〇一三年と二〇一五年の世界選手権でも出場した全種目で優勝するなど、まさに敵《てき》なしの強さをほこる車いす陸上界の世界的なヒーローです。

マーティン選手は二十二歳で、体重は四十キロ台です。七十キロ台後半の佐藤選手とは対照的な体格《たいかく》なのですが、その軽い体をいかしたスタートダッシュが、マーティン選手の最大の持ち味です。

佐藤選手が優勝《ゆうしょう》した世界選手権ドーハ大会の四百メートルには、出場していませんでした。そして佐藤選手が三位だった千五百メートルで優勝したのが、マーティン選手だったのです。

「マーティン選手に勝たないと、リオで金メダルをとることはできないと思っています」

記者にそう答えた佐藤選手は、この日獲得《かくとく》した三つの優勝メダルを静岡《しずおか》にいるおばあさんのもとへとどけると、夢《ゆめ》の舞台《ぶたい》に向けてさらにハードな練習にとりくみました。

あたらしい「道」を開く

メディアが「すい星のようにあらわれたメダル候補《こうほ》」と伝えた佐藤選手のジャパ

ンパラでの活躍《かつやく》は、佐藤選手の指導《しどう》をつづける松永仁志《まつながひとし》選手ら関係者たちに、さらなる成長を印象づけました。

とつぜんおそってきた病魔《びょうま》に負けそうになって生きる目標を見うしない、すべてのことに無気力だった四年まえのことを思うと、まるで別人のようです。佐藤選手はその理由を「めぐまれた環境《かんきょう》のおかげです」といいます。

「ぼくがみじかい時間でこんな舞台《ぶたい》で活躍できるようになったのは、車いすの陸上クラブをつくってくれた松永さんや、オーエックスの小澤さんたちなど、いろんな人がサポートしてくださったからです。けっしてめぐまれているとはいえない環境のときに、日本の障害者《しょうがいしゃ》スポーツをささえてくれた人たちにも感謝《かんしゃ》しています」

一九六四年に日本ではじめてのパラリンピックが東京《とうきょう》で開かれて以来、多くのパラアスリートとささえる人たちの努力がかさなり、いまの環境があるのです。

車いすの陸上クラブ「横浜《よこはま》ラ・ストラーダジュニア」でコーチをつとめる久保田《くぼた》章《あきら》さんは、そうした時代の変化をとくべつな思いでうけとめている一人です。

横浜ラ・ストラーダジュニアが練習をしている「障害者《しょうがいしゃ》スポーツ文化《ぶんか》センター横浜《よこはま》ラポール」は、神奈川県《かながわけん》の障害者《しょうがいしゃ》スポーツの拠点《きょてん》として知られています。「ラポール」は、フランス語で「心の通いあい」という意味です。

先天性《せんてんせい》の二分脊椎症《にぶんせきついしょう》で、おさないころから車いすで生活をしていた久保田さんが横浜ラポールでトレーニングを始めたのは、小学五年生のときでした。車いす陸上の存在《そんざい》を知り、さっそうと風を切って走るアスリートにあこがれたからです。

「でも、その当時はいっしょに練習する同世代の仲間も、専門的《せんもんてき》に指導《しどう》してくれるコーチもいませんでした」と、久保田さんはふりかえります。

目標を全国身体障害者《ぜんこくしんたいしょうがいしゃ》スポーツ大会《たいかい》出場にさだめた久保田さんは、横浜ラポールの指導員の人たちに基本的《きほんてき》な練習方法を教えてもらうと、自分でタイムをはかりながら走るトレーニングをはじめ、タイムを少しでもちぢめようとしました。中学から高校時代にかけてのことです。

「ぼくよりも上の世代の人たちを見てあこがれると同時に、いつか、ぜったいに追いぬいてやるって思って、必死に練習しました」

そして、久保田さんは夢《ゆめ》をかなえました。

一九九八年に地元の神奈川で開かれた大会に出場したのです。幅《はば》が十メートル、距離《きょり》が百十メートルのコースに障害物《しょうがいぶつ》をおき、車いすを走らせるテクニックとタイムを競《きそ》うスラロームという競技《きょうぎ》でした。

その大会が開幕《かいまく》する直前のことです。横浜ラポールで追いこみの練習をしているとき、車いすに乗った女の子が、じっと久保田さんの練習を見つめていました。

声をかけると、女の子は「わたしも、走ってみたいんです」といいました。このとき、ほんの少しだけ、彼女《かのじょ》に車いす陸上について教えたのが、久保田さんの指導《しどう》者《しゃ》としてのキャリアの始まりです。

女の子は久保田さんといっしょに練習するようになりました。彼女のほかにも、横浜ラポールにやってくる子どもたちと交流するようになった久保田さんは、二〇〇〇年、横浜ラ・ストラーダジュニアをたちあげました。「ラ・ストラーダ」は、イタリア語で「道」という意味です。久保田さんはそれまでになかった「道」をつくり、子どもたちといっしょに歩んでいこうと思ったのです。

発足《ほっそく》したときのメンバーは五人でしたが、十五年あまりの歳月《さいげつ》がたったいま、いっしょに車いす陸上にうちこんでいる子どもたちの数は、四十人近くにまでふえました。

「ぼくが子どものころは、同世代のともだちといっしょに車いすで走れる環境《かんきょう》なんてありませんでした。ラ・ストラーダでがんばっているみんなの笑顔《えがお》を見るのはうれしいことなのですが、ちょっぴりうらやましいなって思うこともあります」

そう語る久保田さんは、いまも月に二回のペースで、子どもたちの指導《しどう》にあたっています。

凌《りょう》くんのリーダーシップ

横浜ラポールの地下にある一周百六十メートルのトラックが、ラ・ストラーダジュニアの練習場です。二〇一六年の夏休み最後の練習会がおこなわれたこの日、二十人ほどの子どもたちが集まっていました。

「水分をちゃんととってください」

「ぶつからないように、気をつけましょう」

みんなにそう声をかけているのは、キャプテンに選ばれた小学六年の向山《むかいやま》凌くんです。凌くんのことは、まえがきで少し紹介《しょうかい》しましたが、おなじくまえがきに登場した葛西杷奈《かさいはな》さんや、田中杏《たなかあん》さん、辻田愛稀《つじたあき》さんたちが「はい」と大きな声でこたえます。

スタートラインにみんなが集まると、凌くんがスタートの合図を出しました。

「位置について。よーい、どん」

いっせいに、みんなの車いすが走りだします。

久保田さんは口を出さず、子どもたちのお父さんやお母さんといっしょにそのようすを見つめています。

「最初のころは、ぼくが手とり足とり教えていましたが、そうすると、ただの強《きょう》制《せい》になってしまうおそれがあるんです。子どもたちが走る喜びを自分たちの力で感じられるように、いまは子どもたちの自主性《じしゅせい》をたいせつにして、必要なときだけ必要なアドバイスをするようにしています。お父さんやお母さんたちがいつも練習をバックアップしてくださるので、すごく助かっています」

この日の練習でも、凌くんのお父さんがストップウオッチを手に、一周ごとのラップタイムをみんなに大きな声で伝えていました。

「障害《しょうがい》をもつ子どもたちには、できないこともありますが、できることもたくさんあります。そのできることに楽しみながらチャレンジできる場所が、ラ・ストラーダなんです」と、凌くんのお父さんはいいます。

凌くんには、ふたごの妹がいます。

生まれてきたとき、凌くんは千六百グラム、妹の凜《りん》さんは千百グラムの女の子でした。一歳《さい》になるころ、凌くんの足の異変《いへん》に気づいた両親が病院につれていき、検《けん》査《さ》をうけた結果、脳性《のうせい》まひと診断《しんだん》されました。

保育園《ほいくえん》では、よつんばいになって体を動かしていましたが、小学校にあがるときから車いすを使うようになりました。凌くんが進学した小学校にとっては、はじめての車いすで登校する児童でした。

入学して半年間は、お父さんかお母さんのどちらかが、昼休みまでつきそいました。一年生のときは、凛さんもおなじクラスで勉強しました。両親とも仕事をしているので、朝はお母さんが送って、帰りは地域《ちいき》のボランティアの人に自宅《じたく》まで送ってもらいました。

そんな凌くんに、お父さんとお母さんはこういいつづけてきました。

「障害《しょうがい》があるからって、あまやかさないからね」

お父さんは「みんなとおなじことに挑戦《ちょうせん》してほしいし、障害のあることを理由に、なにかをあきらめたり、ハードルをさげたりしてほしくない」と、その思いを語ります。

四年生になると、学校側も車いすで移動《いどう》しやすいようにエレベーターをつけてくれました。凌くんの存在《そんざい》が、学校のバリアフリー化のきっかけになったのです。

ずっと見守ってきたお母さんは「凌はつらいこともたくさん経験《けいけん》してきたと思いますが、そのぶん、学校や地域《ちいき》の人たちにお世話になってきたことをよく理解《りかい》しているはずです」といいます。

金メダリストと走る

凌くんのお父さんは陸上の走《はし》り幅跳《はばと》び、お母さんはソフトテニスの全国大会で活躍《かつやく》するスポーツ選手でした。

その血をひいたのか、凜さんはマーチングバンドに夢中《むちゅう》で、凌くんも体育の授業《じゅぎょう》が大好きになりました。

サッカーの授業のときは車いすのゴールキーパーとして活躍《かつやく》し、スイミングスクールにも通いはじめるなど、凌くんはどんどん活動的になっていきます。

そんな凌くんが車いす陸上の競《きょう》技会《ぎかい》にはじめて参加したのは、二年生の冬のことでした。体を動かすために足をはこんでいた横浜ラポールの人から、日産《にっさん》カップへの出場をすすめられたのです。

この年の日産カップは、佐藤友祈選手がはじめて出場した大会でもあります。凌くんは、小学生や健常者《けんじょうしゃ》も参加できる二・五キロの部に出場しました。

はじめての車いすレースで、凌くんは必死にがんばりました。大人もふくめて出場した百三十九人の選手のうち七十三位に入り、ジュニア男子という障害《しょうがい》をもつ小学生のカテゴリーでは、十九人中六位になったのです。記録は二十五分十七秒でした。

「はじめて見る子だけど、すごくがんばったね」

大会のスタッフがそんな言葉を口にしたのを、お父さんは覚えています。

「いっぱい大人の選手たちにぬかれてくやしかったけど、練習すれば、もっとはやく走れるようになると思いました」と、凌くんはふりかえります。

このはじめてのレースで、すてきな人が凌くんといっしょに走ってくれました。女子の車いす陸上界のパイオニアともいえる、土田和歌子《つちだわかこ》選手です。

高校二年生のときに交通事故《じこ》で車いす生活になった土田選手は、一九九八年の長《なが》野《の》冬季パラリンピックでアイススレッジスピードレースに出場し、千メートル、千五百メートルで金メダル、百メートルと五百メートルで銀メダルを獲得《かくとく》して注目を集めました。

一九九九年から陸上競技《きょうぎ》に転向すると、二〇〇四年アテネパラリンピックの五千メートルで金メダル、マラソンで銀メダルを獲得し、日本人初の夏冬パラリンピック金メダリストになりました。二〇一二年ロンドンパラリンピックのマラソンは5位にとどまり、つぎのリオデジャネイロパラリンピックでのマラソンの金メダルをめざして、練習にはげんでいるところでした。

凌くんが必死に車いすを走らせていると、土田選手は寄《よ》りそうように伴走《ばんそう》してくれました。腕《うで》がつかれてスピードがおそくなりかけたときは「がんばって」と声をかけ、ゴールしたあとはサインをしてくれました。

凌くんが土田選手の経歴《けいれき》を知ったのは、大会が終わったあとです。

お母さんから「凌に声をかけてくれた人、すごく有名な選手なんだよ」と教えてもらったのです。凌くんは、ユーチューブなどで土田選手がメダルを獲得《かくとく》したレースを見て、車いす陸上やレーサーへの興味《きょうみ》をどんどんふくらませていきました。

はじめてのレースで多くの刺激《しげき》をうけた凌くんは、ラ・ストラーダジュニアの練習に参加するようになりました。学校へ行くまえ、近所の河川敷《かせんじき》を走る自主トレーニングも始めました。

「もし、土田選手に声をかけてもらっていなかったら、ここまで陸上に夢中《むちゅう》にならなかったかもしれません」と、お母さんはいいます。

毎年、日産カップの二・五キロの部に出場するようになった凌くんは、走るたびに自己《じこ》記録を更新《こうしん》していきました。二〇一五年の大会では出場した百七人中十九位、ジュニア男子では十六人中三位に入り、記録は十六分五十秒と、一年まえの記録を二十九秒も更新しました。

「記録がのびるようになってから、目標ができました。中学にあがってからも陸上はずっとつづけたいけど、部活を始めるなら、テニス部もいいかなって思っています。ラ・ストラーダジュニアのキャプテンをつとめるのは、そんなにたいへんなことじゃありません」

そう語る凌くんは、最後まで練習をひっぱっていきます。

「一周ふやしたい人、いませんか?」

「つぎがあるから、ならびましょう」

凌くんの声に、メンバーの声が重なっていきます。緊張《きんちょう》と笑顔《えがお》、集中とリラックスがまざりあいながら、ラ・ストラーダジュニアの練習は進んでいきます。

「みんな、りょうくんが好きだから、練習中は礼儀《れいぎ》ただしくなるの」

そういって笑ったのは、小さな体でけんめいに練習していた杷奈さんでした。

好奇心《こうきしん》いっぱいの女の子

小学三年の杷奈さんは、お母さんのおなかのなかにいるときに、先天性《せんてんせい》の二分脊椎《にぶんせきつい》症《しょう》と診断《しんだん》されました。第四章で紹介《しょうかい》した車いすテニスを始めたばかりの樋口《ひぐち》香《か》南《なん》さんや、ラ・ストラーダジュニアの久保田コーチとおなじ病気です。生まれてすぐに、最初の手術《しゅじゅつ》をうけました。

三歳《さい》のときには大腿骨《だいたいこつ》の手術を、五歳のときには大腿骨の再手術《さいしゅじゅつ》と水頭症《すいとうしょう》の手術も経験《けいけん》しました。

「小さなころから手術と入院をくりかえして、杷奈もつらかったと思います」と、お父さんはふりかえりますが、両親の愛情《あいじょう》につつまれて育った杷奈さんは、天真《てんしん》爛漫《らんまん》な女の子に成長していきました。

近所のピアノ教室に通いはじめると、『星に願いを』という曲をじょうずにひけるようになりました。スポーツにはあまり興味《きょうみ》がなかったようですが、体の機能《きのう》を回復《かいふく》させるためのリハビリもがんばり、スイミングスクールにも通いはじめました。自宅《じたく》から一キロほどはなれた学校へは、自分で車いすをこいで登校しています。

半年まえ、ラ・ストラーダジュニアの体験会にさそったのは、お母さんです。おなじように車いすに乗って、陸上競技《きょうぎ》に挑戦《ちょうせん》するメンバーたちの姿《すがた》に心を動かされたのでしょうか、杷奈さんは自分からラ・ストラーダジュニアに入りたいといいだしました。それ以来、月に二度の練習会に熱心に参加しています。

「始めたばかりのころは、練習を見ていると、気がちってるなと感じるときがありました。やらされているという感じだったのですが、いまはぜんぜんちがいます。どんどん、陸上が好きになっているようです」と、お父さんはいいます。

杏さんや、愛稀さんら、ラ・ストラーダジュニアでであってなかよくなったともだちとおしゃべりできるのも、陸上が好きになった理由の一つかもしれません。はじめてのレースとなった町田市立陸上競技場《まちだしりつりくじょうきょうぎじょう》でのみごとな走りは、ラ・ストラーダジュニアの仲間たちをおどろかせましたが、その感想を聞くと、「覚えてるけど、あんまり覚えてない」といってまわりを笑わせました。

「動物も好きだし、音楽もお絵かきも好き。本だと、『ルドルフとイッパイアッテナ』が大好き。あと、ジャニーズの嵐《あらし》も大好きだし、陸上も……おもしろいよ」

いろんなことに興味《きょうみ》のある杷奈さんです。そのすべてに全力でとりくんでいることにたいするごほうびでしょうか。お父さんとお母さんは、杷奈さんが大好きなピンク色の、かっこいい車いす陸上用のヘルメットをプレゼントしました。

最後までつながれた聖火《せいか》リレー

二〇一六年九月七日（日本時間八日）、地球の反対側にあるブラジルでリオデジャネイロパラリンピックが開幕《かいまく》しました。パラリンピックはこれで十五回目ですが、南米で開催《かいさい》されるのははじめてです。

二十二の競技《きょうぎ》に、百五十九の国・地域《ちいき》の選手と、この大会ではじめてもうけられた「難民選手団《なんみんせんしゅだん》」の二人をふくむ、四千四百三十二人のパラアスリートが参加しました。

雨のなか、マラカナンスタジアムで開会式が始まりました。

世界中をおどろかせたのは、車いすのパラアスリートによるパフォーマンスです。高さが十七メートルもあるスノーボード用のスロープを車いすで滑走《かっそう》し、車いすごと飛びあがると、宙《ちゅう》がえりをしながら大きな輪のなかをくぐりぬけました。

事故《じこ》で右手に重度の障害《しょうがい》をおったピアニストがブラジル国歌を演奏《えんそう》し、まぶしい光によって観客が一時的に「目が見えなくなる」という演出もありました。視覚《しかく》にたよることのできない選手の日常《にちじょう》を、観客にも理解《りかい》してもらうためです。

選手たちが入場してくると、スタジアムは大歓声《だいかんせい》につつまれました。日本選手団は八十二番目、先頭で旗手をつとめたのは、車いすテニスの上地結衣《かみじゆい》選手です。

開会式のハイライトは、聖火台《せいかだい》への聖火の点火です。

聖火をはこんできたトーチをスタジアムでうけとったのは、ブラジルを代表するパラアスリート、マルシア・マルサールさんです。右手につえを持ち、左手でトーチをかかげたマルサールさんが、ゆっくりとした歩みでつぎの走者のもとへトーチをとどけようとしたとき、ハプニングが起こりました。

マルサールさんが足をすべらせて転倒《てんとう》し、トーチを落としてしまったのです。

スタジアムは息をのんだように静まりかえりましたが、つぎの瞬間《しゅんかん》、すわっていた観客が一人、また一人と立ちあがり、マルサールさんに声援《せいえん》を送りはじめました。その声援に背中《せなか》をおされるように、スタッフのささえで立ちあがったマルサールさんは、ふたたびトーチとつえを持って歩きはじめ、つぎのランナーにぶじトーチをわたしました。

観客の興奮《こうふん》が最高潮《さいこうちょう》に達するなか、聖火リレーの最終走者をつとめたのは、車

リオデジャネイロパラリンピックの開会式。旗手をつとめる車いすテニスの上地結衣選手を先頭に、日本選手団《せんしゅだん》が入場してきました。

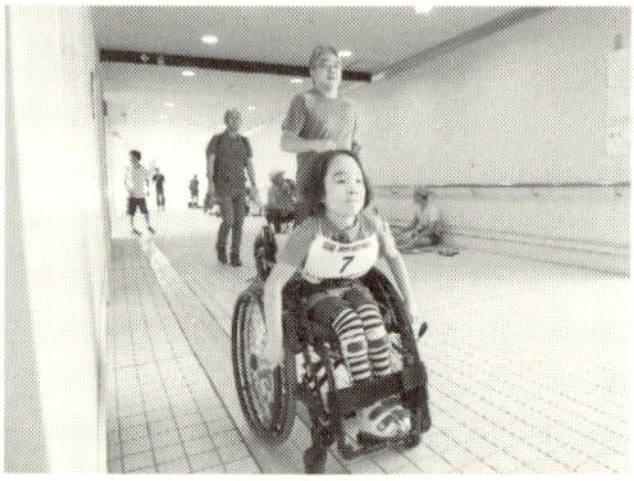

杷奈さんは、走ることと本を読むことが大好きです。

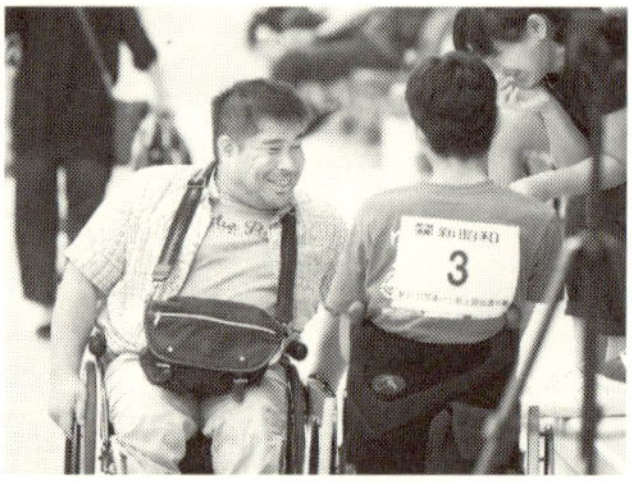

久保田さん（左）がコーチをつとめる横浜ラ・ストラーダジュニアは、誕生《たんじょう》から15年以上がたちました。

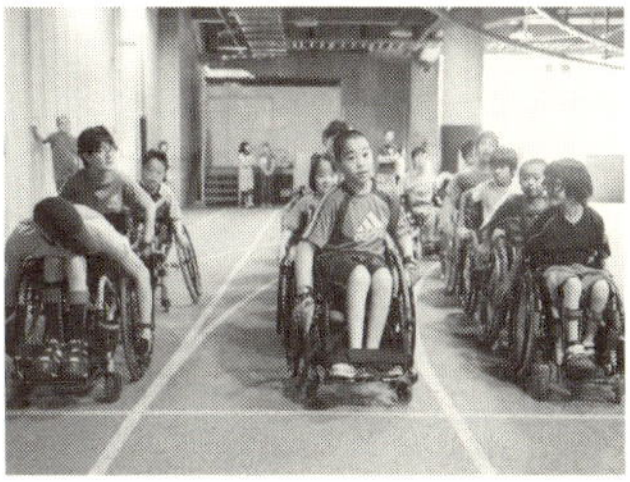

小６の凌くん（前列中央）は、中高生のメンバーもいるなかで、ラ・ストラーダジュニアのキャプテンになりました。

「イチ、ニッ、サン、シッ！」準《じゅん》備《び》体操《たいそう》も、みんなで元気に声を出して。

いすに乗った競泳男子ブラジル代表の、クロドアルド・シルバ選手です。シルバ選手がトーチをかざして聖火台《せいかだい》に火をつけると、花火が何発もうちあげられました。

そんな開会式のようすをテレビで見た杷奈さんは、国や地域《ちいき》によって出場する選手の数がぜんぜんちがうことに気がつき、セレモニーの華《はな》やかさと迫力《はくりょく》に圧倒《あっとう》されました。

開会式を見おわると、すぐに色えんぴつを手にしました。

杷奈さんが白い画用紙にえがいたのは、赤、青、緑、黄、むらさき、ピンク色のカラフルな光が、マラカナンスタジアムから天空へひろがっていく光景でした。

第六章

夢《ゆめ》舞《ぶ》台《たい》でのチャレンジ

「いちかばちかの勝負を」
——陸上銀メダリスト・佐《さ》藤《とう》友《とも》祈《き》選手が、
パラリンピックの決勝で選んだ戦法は？

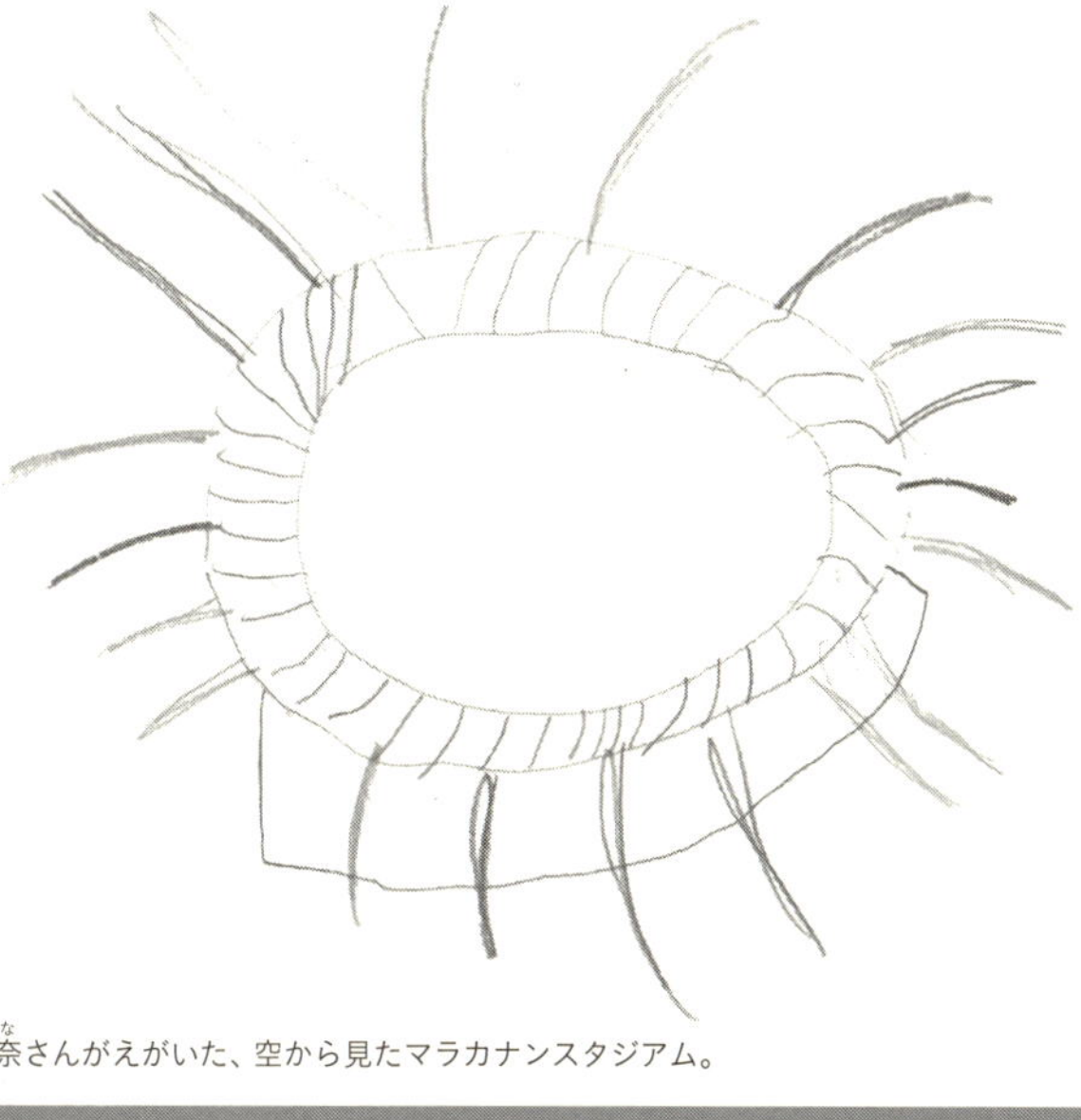

杷奈《はな》さんがえがいた、空から見たマラカナンスタジアム。

「すべての人に心がある」

横浜《よこはま》ラ・ストラーダジュニアの葛西杷奈《かさいはな》さんが色えんぴつでえがいた、リオデジャネイロパラリンピック開会式の光景を、佐藤友祈《さとうともき》選手はしっかりとまぶたにやきつけていました。

スタンドをうめつくした大観衆《だいかんしゅう》の声援《せいえん》やウエーブ、音楽や映像《えいぞう》、カクテル光線によるはなやかな演出《えんしゅつ》、信じられないような車いすでのパフォーマンス、大つぶの雨が落ちるなか、しっかりと思いがつながれた聖火《せいか》リレー……。

「苦しい練習を重ねてこの舞台《ぶたい》にやってこられたことのしあわせと、障害者《しょうがいしゃ》スポーツにこれだけ大きな舞台を用意していただけることへの感謝《かんしゃ》の気持ち、そして四年まえにロンドン大会をテレビで見たときの感動とはまったくちがう、自分自身が夢《ゆめ》の世界にいるようなふしぎな感覚につつまれていました」

開会式のコンセプトは、「限界《げんかい》のない心」でした。

大会組織《そしき》委員会のカルロス・ヌズマン会長は、スピーチでこう語りかけました。

「セレモニーは大きな挑戦《ちょうせん》を意味します。あたらしい世界をつくる、もっとバリアフリーな世界をつくる、より公平で、親しみがあり、障壁《しょうへき》がない世界をつくる。むずかしい挑戦ですが、それがわたしたちを成長させます。見た目はちがっていても、おなじ心をもった人たちです。すべての人に心があるのです」

このすばらしい舞台《ぶたい》で、佐藤選手の挑戦が始まりました。

佐藤選手が出場する車いすT52クラスの四百メートルと千五百メートルには、最大のライバルであるアメリカのレイモンド・マーティン選手もエントリーしてきました。

スタートから先行し、そのままゴールまで逃《に》げきるタイプのマーティン選手に、中盤《ちゅうばん》から後半にかけての加速が武器《ぶき》の佐藤選手が、どんなレースをいどむのか。体格《たいかく》もタイプもちがう二人の勝負は注目を集めました。ロンドンパラリンピックで出場した全種目で金メダルを獲得《かくとく》した絶対的《ぜったいてき》な王者にたいし、そのときはまだ車いす陸上の存在《そんざい》さえ知らなかった初出場の選手が、勝負をいどむのです。

リオデジャネイロに着いてから、佐藤選手はこの四年間に自分が体験したことをふりかえっていました。

ロンドンパラリンピックの映像《えいぞう》をテレビで見たとき、佐藤選手は「自分もあのまぶしいかがやきのなかで走ってみたい」と思いました。車いす陸上について調べたのも、オーエックスエンジニアリングの小澤徹《おざわとおる》さんにレーサーをつくってもらったのも、松永仁志《まつながひとし》選手の指導《しどう》をうけるために実家のある静岡《しずおか》をはなれ、岡山《おかやま》の地できびしいトレーニングにたえてきたのも、すべてはその夢《ゆめ》を実現《じつげん》するためでした。

しかし、リオデジャネイロで最終調整をするうち、その夢は少しかたちを変えました。

「自分のためだけに走るんじゃないと思うようになりました。四年というみじかい時間で、パラリンピックというすごい大会に出場できたのは、ぼくの夢を応援《おうえん》してくれるいろんな人たちにであい、その人たちがぼくをささえてくれたおかげでした。そうした人たちに感謝《かんしゃ》の気持ちを伝えるためにも、金メダルをとりたい。それが、ぼくのいちばん大きな夢《ゆめ》になったんです」

複雑《ふくざつ》な気持ちの銀メダル

佐藤選手は最初の種目である男子四百メートルの決勝にいどみました。

トラックを一周する四百メートルは、レーンが分かれたままのセパレートコースでおこなわれます。前日の予選を勝ちあがった佐藤選手は第四レーン、マーティン選手はすぐ内側の第三レーンです。

「いよいよ、この舞台《ぶたい》で走れるときがやってきたんだ」

スタートラインについたとき、佐藤選手はこみあげてくる思いをおさえるように右手をそっと自分の胸《むね》におきました。

スタートの号砲《ごうほう》がなります。

予想どおり、スタートダッシュが得意なマーティン選手が飛びだしました。逆《ぎゃく》に、握力《あくりょく》が弱くてスタートに課題がある佐藤選手は、ほかの選手からもおくれてしまいましたが、すぐに加速してマーティン選手を追いかけます。あっという間にほかの選手をぬいた佐藤選手は、マーティン選手の背中《せなか》にせまっていきました。

第三コーナーをまわったところでその差を五メートルまでつめると、スタジアムが大歓声《だいかんせい》につつまれます。

しかし、マーティン選手は最後の直線でさらにスパートをかける力をのこしていました。佐藤選手は必死に追いすがりましたが、わずか〇・四六秒差で二位になりました。

はじめてのパラリンピックの最初の種目で銀メダルを獲得《かくとく》したことは、胸《むね》をはるべき快挙《かいきょ》ですが、佐藤選手の心のなかは複雑《ふくざつ》でした。

「四年間、この舞台《ぶたい》で走るためにがんばってきて、その夢《ゆめ》がかなった感動と、最後の直線でマーティン選手に追いつけなかったくやしさがいりまじっていました。自分の力不足も痛感《つうかん》しましたが、いっぽうで、マーティン選手との力の差が、ドーハの世界選手権《せかいせんしゅけん》のときよりも確実《かくじつ》にうまってきている実感もありました。つぎの千五百メートルで、マーティン選手にぜったいに雪辱《せつじょく》してやるぞって思いました」

たいせつな役割

オーエックスエンジニアリングの小澤徹さんは、日本選手団《せんしゅだん》のメカニックとしてリオデジャネイロに同行しました。日本の選手たちが使う車いすの調整や修理《しゅうり》にあたるのです。

競技《きょうぎ》が始まると、新潟《にいがた》で開かれたジャパンパラ陸上競技《りくじょうきょうぎ》大会《たいかい》のときとおなじように、サブトラックのある小さな競技場で待機して、選手たちのウォーミングアップを見つめます。

四年に一度のパラリンピックは、世界最先端《さいせんたん》の競技用《きょうぎよう》車いすが披露《ひろう》される舞台《ぶたい》でもあります。

リオデジャネイロで小澤さんの目をひいたのは、世界的な自動車メーカーとして知られるBMW《ビーエムダブリュー》のエンジニアたちが開発したカーボン製《せい》のレーサーでした。

カーボンはアルミより強くて軽いのですが、値段《ねだん》がとても高くなります。男子の車いすテニスでは、ステファン・ウデ選手（フランス）が、千五百万円以上もするカーボン製の車いすでプレーをして、話題になりました。

「二〇〇〇年のシドニー大会までは、海外のメーカーも競技用車いすの開発にそれほど熱心ではありませんでした。パラリンピックにたいする注目度が増《ま》してくるにしたがって、どんどん開発が進んできたのです。メーカーがしのぎをけずるのはいいことですし、その技術《ぎじゅつ》を日常用《にちじょうよう》の車いすにもいかしていければ、一般的《いっぱんてき》な車いすのイメージも変えることができるはずです」

そう語る小澤さんは、「どれだけ性能《せいのう》の高いレーサーをつくっても、乗るのは選手です。トラックの状態《じょうたい》や一人ひとりのコンディションにあわせて、レーサーを調整していくのが、わたしたちのたいせつな役割《やくわり》なんです」ともいいます。

そんな小澤さんが、リオデジャネイロ大会でもっとも気にしていたのは、昼と夜の気温差でした。

九月のリオデジャネイロでは、四十度をこえる昼間の気温が、夜は二十度台にまでさがります。気温が高い昼間のレースに出場するときは、トラックがやわらかくなっているので、レーサーのタイヤの空気圧《くうきあつ》を低くしないとうまく走れません。ところが夜の競技《きょうぎ》ではトラックが固くなっているので、空気圧を高めに調整するのです。

パラリンピックという大舞台《おおぶたい》では、選手たちはいつもの大会以上に、レーサーの状態にデリケートになります。競技が始まる四十五分まえに、選手たちはコールエリアとよばれるところに集合するのですが、その直前まで、小澤さんは選手やコーチたちとレーサーのチェックをしていました。

いちかばちかの勝負

どうすれば、千五百メートルの決勝でマーティン選手に勝てるのか。

四百メートルとちがい、千五百メートルはレーンが分かれていません。スピードと持久力《じきゅうりょく》に加え、レース中の位置どりなど、かけひきが勝敗を大きく左右します。陸上競技《きょうぎ》の日本代表選手団三十六人の主将《しゅしょう》をつとめ、ずっと佐藤選手を指導《しどう》してきた松永選手は、二つのレースプランをねっていました。

一つは、確実《かくじつ》に銀メダルをとりに行くプランです。先行するマーティン選手をむりに追いかけず、後続の選手たちとの勝負に集中するのです。パラリンピックでは、国別のメダル獲得数《かくとくすう》も注目されます。日本に確実にメダルをもたらすには、マーティン選手との勝負はさけるべきだ、と。

もう一つは、そうした安全策《あんぜんさく》とはまったくちがうプランです。

先行するマーティン選手にくらいつき、中盤《ちゅうばん》で追いついたら一気にぬきさります。マーティン選手は最後の直線のラストスパートも驚異的《きょういてき》ですが、うしろからならばれる直前でさらにスピードをあげ、わずかな差で逃《に》げきって金メダルをうばいとるのです。

このプランの大きな問題点は、序盤《じょばん》からスパートをかけてスタミナを失ってしまった場合、後続の選手たちにもぬかれてしまい、メダルはおろか、八位入賞さえむずかしくなる可能性《かのうせい》も少なくないことです。

冒険《ぼうけん》をおかしてでも、金メダルをねらいに行くのか、それとも、銀メダルを確実《かくじつ》にとりに行くのか。

「佐藤のレースなんだから、どっちのレースプランで行くのか、自分で決めていいぞ」と、松永選手はいいました。

佐藤選手が決断《けつだん》するのに、時間はかかりませんでした。もっとも尊敬《そんけい》し、感謝《かんしゃ》している恩師《おんし》に、二十七歳《さい》の愛弟子《まなでし》はこんな言葉を返しました。

「マーティン選手と、いちかばちかの勝負をさせてください」

このときの心境《しんきょう》について、佐藤選手は「なんのためにこの四年間がんばってきたのか、その意味を自分自身に問いかけたんです」とふりかえります。

「苦しいトレーニングにたえてきたのも、いろんな人にささえてもらったのも、最高の舞台《ぶたい》で最高の結果、金メダルをめざしてきたからです。最初から銀メダルでいいと考えて走ってもおもしろくありません。この四年間につみあげてきた努力としっかりと向きあうためにも、全力で金メダルをねらいに行こうと思いました」

はげしいデッドヒートのすえに

リオデジャネイロパラリンピック男子千五百メートル（車いすT52クラス）決勝は、現地《げんち》時間の九月十五日午前十時二十四分に始まりました。

スタートの号砲《ごうほう》と同時に、マーティン選手が飛びだしました。一気に加速してほかの選手たちとの差をどんどんひろげていきます。

そのスピードにスタンドの観客はどよめきましたが、佐藤選手も決断《けつだん》したプランどおりにレースを進めました。

後続の集団《しゅうだん》からぬけだすと、マーティン選手をもうれつに追いあげたのです。二周目に入ると、その差は少しずつつまっていきます。近づいてくる佐藤選手の気配を感じたのか、ふりかえってうしろを確認《かくにん》したマーティン選手が少しスピードをゆるめました。ラストスパートのために、力をためておく作戦です。

加速する佐藤選手がマーティン選手のうしろにぴたりとついたのは、七百メートルをすぎたころです。

せりあった場合、まえを走ると、空気の抵抗《ていこう》をうけて不利になります。そのままうしろについてラストの直線で勝負をかけると予想した人が多かったのですが、ここでも佐藤選手はプランどおりの冒険《ぼうけん》をしかけました。

マーティン選手を一気にぬきさって、先頭にたったのです。

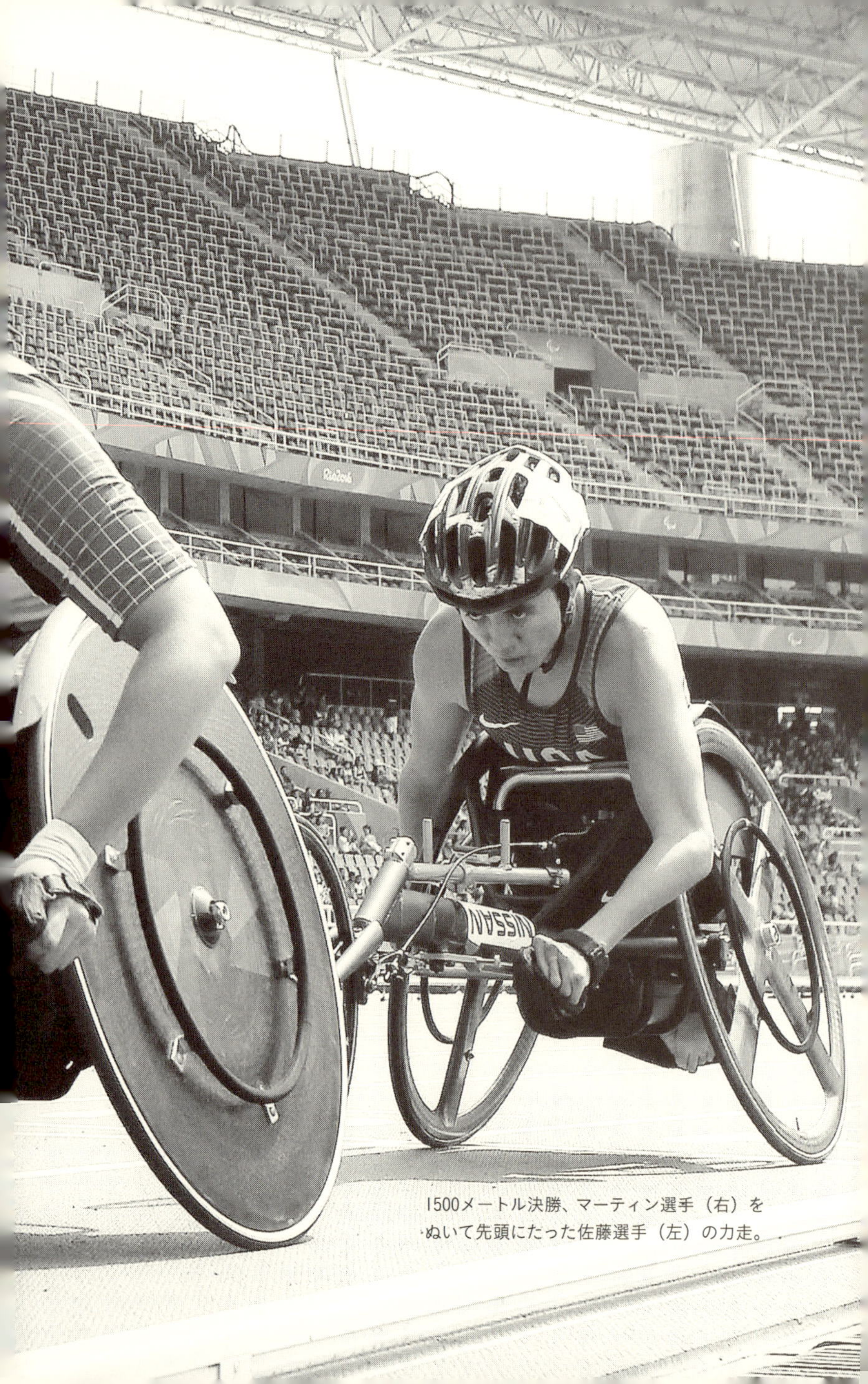

1500メートル決勝、マーティン選手（右）を
ぬいて先頭にたった佐藤選手（左）の力走。

A new world
Rio2016
Rio2016
USA

佐藤選手がトップのまま、ラスト一周の勝負になると、スタジアムは大歓声《だいかんせい》につつまれます。オーエックスの小澤さんも、観客席で佐藤選手の走りを見守っていました。

「障害《しょうがい》があるとかないとかには関係なく、純粋《じゅんすい》なスポーツとして魅力《みりょく》を感じるすばらしい走りでした。はらはらする展開《てんかい》でしたし、そのまま先頭でゴールしてくれるんじゃないかと思いました」

ゴールまであと二百メートルとなる第三コーナーをまわったとき、マーティン選手が外のレーンから一気に追いあげてきました。

それも、予想していた展開でした。

マーティン選手がスパートしてよこにならぼうとした瞬間《しゅんかん》こそ、まさに最後の勝負をしかけるときだったのです。

しかし、佐藤選手の作戦はほんの少しだけ、くるいました。

「集中しすぎていて、マーティン選手がうしろから来ているのに気づくタイミングが、一瞬《いっしゅん》おくれてしまいました」

佐藤選手がそうふりかえるように、マーティン選手はよこにならんだかと思うと、一気に先頭にたってゴールへ向かいます。しかし、佐藤選手にもまだ力がのこっていました。けんめいにマーティン選手を追います。

白熱したレース展開《てんかい》にスタジアムの大歓声《だいかんせい》がさらにボリュームをあげるなか、先にゴールしたのはマーティン選手でした。記録は三分四十秒六三。それまでのパラリンピック記録を十秒近くも更新《こうしん》する驚異的《きょういてき》なタイムでした。

銀メダルの音色

マーティン選手とわずか一秒〇七差でゴールした佐藤選手の表情《ひょうじょう》には、四百メートルのときとはちがう、満足そうな笑《え》みがうかんでいました。プランどおりのレースを実行し、すべての力を出しきったからです。

「もし、金メダルをねらいに行かなければ、悔《く》いをのこしたまま銀メダルを胸《むね》にかけていたかもしれません。いちかばちかの勝負をしかけたからこそ、いまあるすべての力を出しきることができたと思います」

パラリンピックのメダルは、なかにビーズのような金属製《きんぞくせい》のボールが入っていて、メダルをふると音がします。メダルの色によってボールの数が変えてあり、視《し》覚障害《かくしょうがい》をもつ選手が、音のちがいで金、銀、銅《どう》のメダルを識別《しきべつ》することができるようになっているのです。

メダルセレモニーで二つ目の銀メダルを胸にかけた佐藤選手は、メダルを耳もとでふってみました。金属ボールがころがり、カラカラという音が聞こえてきます。

「金メダルだったら、どんな音がするんだろう?」

そう思った佐藤選手は、表彰台《ひょうしょうだい》のとなりにいる最強のライバルの胸《むね》にかがやく金色のメダルに目をやりました。

「四年後の東京《とうきょう》大会では、ぼくがマーティン選手がいるまんなかの表彰台にあがってやるぞって思いました。マーティン選手をぎりぎりまで追いつめることができた自信が、かならず四年後につながるはずですから」

佐藤選手は、マーティン選手に「おめでとう」と声をかけて祝福しました。笑《え》みを返してくれたマーティン選手と、かたい握手《あくしゅ》をかわします。リオデジャネイロで生まれた友情《ゆうじょう》も、東京大会に向けてきびしいトレーニングをつづけていく力になるはずです。

松永選手も「こんな大舞台《おおぶたい》で、作戦どおりのレースができるなんてすごい。最高のレースだった。金メダルとおなじくらい価値《かち》のある銀メダルだ」と、佐藤選手の走りをたたえました。

メインスタンドからサブトラックにもどった小澤さんが、ほかの選手たちのウォーミングアップを見つめていると、メダルセレモニーを終えた佐藤選手が笑顔で近づいてきました。

「はじめて日産《にっさん》カップで会ったとき、ぼくがリオでメダルをとりたいっていったことを覚えてますか？」

「覚えてるよ。あのときは信じられなかったけど、ほんとうにメダルをとっちゃうんだから、びっくりしたよ」

そんなやりとりをかわしたあと、佐藤選手は少し照れながら、獲得《かくとく》した二つの銀メダルを小澤さんの首にかけました。

「ほんと、よくがんばったね」

そう声をかけた小澤さんは、二つのメダルの重さを心のなかでかみしめました。

「イェーイ！」佐藤選手（左）と小澤さん（右）。

1500メートル（車いすT52クラス）の表彰式《ひょうしょうしき》で、笑顔《えがお》の佐藤選手（左）です。

あとがき

そして、東京《とうきょう》パラリンピックへ

はげしいラリー戦を制《せい》し、車いすテニス男子ダブルスで銅《どう》メダル獲得《かくとく》を決めた瞬間《しゅんかん》、国枝慎吾《くにえだしんご》選手はあふれてくる涙《なみだ》をこらえきれませんでした。パートナーの齋田悟司《さいださとし》選手とだきあって喜びをかみしめてからも、涙はとまりません。

五か月まえに右ひじを手術《しゅじゅつ》し、調整に不安をのこしたままリオデジャネイロパラリンピックにのぞんだ国枝選手は、男子シングルスの準々決勝《じゅんじゅんけっしょう》でベルギーのヨアキム・ジェラール選手にストレートで敗れ、北京《ペキン》大会、ロンドン大会につづくシングルス三連覇《れんぱ》をのがしていました。それだけに、ダブルスで銅メダル獲得が決まった瞬間には、とくべつな感情《かんじょう》があふれてきたのでしょう。

「最後の最後で銅メダルがとれ、すごく救われました。このメダルはきっと、ぼくのこれからの車いすテニス人生にとってはげみになる。これで胸《むね》をはって日本に帰れます」

日本の障害者《しょうがいしゃ》スポーツ界をひっぱってきたヒーローのコメントは、彼《かれ》がせおいつづけてきた期待と重圧《じゅうあつ》の大きさを感じさせます。

横浜《よこはま》ラ・ストラーダジュニアでキャプテンをつとめる向山凌《むかいやまりょう》くんは、そんな国枝選手のがんばりに胸をうたれました。

「シングルスで負けてしまったくやしさをいかして、銅《どう》メダルをとったのがすごい根性《こんじょう》だなと思いました」

リオデジャネイロでの日本代表選手の活躍《かつやく》を、熱心に応援《おうえん》していた凌くんが感動したのは、選手たちのパフォーマンスや成績《せいせき》だけではなく、その精神力《せいしんりょく》でした。

はじめて出場したレースでいっしょに走ってくれた土田和歌子《つちだわかこ》選手が、車いす女子マラソンで、優勝《ゆうしょう》した選手とわずか一秒差で金メダルをのがしたときには、こんな思いがこみあげてきました。

「スピードだけじゃなく、まるで心の強さを競《きそ》っているようでした。土田選手のように心を強くすれば、障害《しょうがい》があっても、できることはたくさんあると思いました。ぼくもこれからできることがふえるように、努力していきたい」

車いすテニスでは、開会式で日本選手団《せんしゅだん》の旗手をつとめた上地結衣《かみじゆい》選手も、女子シングルスで銅《どう》メダルを獲得《かくとく》しました。この種目では、日本選手としてはじめてのメダリストです。

葛西杷奈《かさいはな》さんや、樋口香南《ひぐちかなん》さんたちとおなじ先天性《せんてんせい》の二分脊椎症《にぶんせきついしょう》だった上地選手は、十一歳《さい》のときに車いすテニスを始めました。身長は百四十三センチと小柄《こがら》なのですが、ハードなトレーニングをつづけ、女子ではマスターする選手が少ないバックハンドのトップスピンを武器《ぶき》に、世界的なアスリートに成長しました。

あたらしい歴史を切りひらいた上地選手のがんばりも、吉田記念《よしだきねん》テニス研修《けんしゅう》センターや浦安《うらやす》ジュニア車《くるま》イステニスクラブで練習をつづける子どもたちに、大きな勇気をあたえてくれたはずです。

リオデジャネイロパラリンピックが閉幕《へいまく》してまもない二〇一六年十月、千葉市《ちばし》にあるオーエックスエンジニアリングをたずねると、エンジニアの小澤徹《おざわとおる》さんは、はやくも二〇二〇年東京パラリンピックに向けた、あたらしいレーサーの構想《こうそう》をねっていました。

「東京大会まであと四年ありますが、選手たちが体になじませる時間を考えれば、少なくとも一年まえにはあたらしいレーサーを完成させておかなければいけません。もっと多くの素材《そざい》をためしてみたいし、いろんな角度からデータを分析《ぶんせき》して、選手がもっとも力を発揮《はっき》しやすいシートの位置もさぐっていきたい。まだまだ改良できることがたくさんあると思っています」

一九九六年のアトランタ大会ではじめてパラリンピックに出場した初代レーサーから、かぞえて七代目となるオーエックスのレーサーには、どんなアイデアと工夫《くふう》が加えられるのでしょう。

千葉の小さな工場で開発されるレーサーは、これからも世界中の車いすアスリートの夢《ゆめ》をささえていきます。そしてレーサーを開発するときに得られるさまざまな知識《ちしき》や経験《けいけん》が、日常用《にちじょうよう》の車いすの開発、製造《せいぞう》にもいかされていくのです。

「佐藤《さとう》（友祈《ともき》）選手がリオで大活躍《だいかつやく》したように、東京でもあたらしいスター選手があらわれるかもしれません。ベテラン選手はもちろんですが、そうした若《わか》い選手たちがどんどん活躍できるようになれば、もっと日本の障害者《しょうがいしゃ》スポーツはもりあがっていくし、障害者《しょうがいしゃ》にたいする社会の見方も変わっていくと思います。そのためのサポートをこれからもつづけていきたい」と、小澤さんはいいます。

リオデジャネイロパラリンピックが終わった時点で、オーエックスの製品でプレーをした選手たちが獲得《かくとく》したメダルの総数《そうすう》は、夏季と冬季をあわせて百二十二個《こ》になりました。

かっこいい車いすを、乗るだけでわくわくして外出したくなる車いすを、そしてパラリンピックの舞台《ぶたい》で活躍できる車いすをつくりたい――。

オーエックスの創業者《そうぎょうしゃ》で、バイク事故《じこ》が原因《げんいん》で自らも車いすで生活していた石《いし》井重行《しげゆき》さんの夢《ゆめ》とロマンから、すべてが始まりました。

その思いがさまざまな人にひろがっていったのは、わたしたちの社会がそれを求めていたからかもしれません。

二代目の社長としてはじめてのパラリンピックを経験《けいけん》した石井勝之《かつゆき》さんは「オーエックスエンジニアリングの社長として、この業界のいろんな人とお会いするのですが、その人たちの心のなかに父の情熱《じょうねつ》がしっかりときざまれていることにおどろくことがあります」と、カリスマ社長とよばれた父へのとくべつな思いを語ります。

「工場にいると、ふっとうしろに父がいる気配を感じることがあります。車いすをつくりつづけていくかぎり、父がいなくなった感覚がないんですね。四年後の東京パラリンピックは、天国の父が笑顔《えがお》で拍手《はくしゅ》をしてくれるような大会にしたい」

一九六四年に開かれた東京パラリンピックは、日本の障害者《しょうがいしゃ》スポーツの歴史に貴重《きちょう》な第一歩をきざみました。

二〇二〇年にふたたび東京で、世界中のパラアスリートをむかえるとき、わたしたちの国の障害者《しょうがいしゃ》スポーツをとりまく環境《かんきょう》や、「バリアフリー」な社会に向けた歩みは、世界の人たちにどんな印象をあたえるのでしょう。

そのときのために、いま、わたしたちが考え、行動に移《うつ》すべきことは、けっして少なくないはずです。

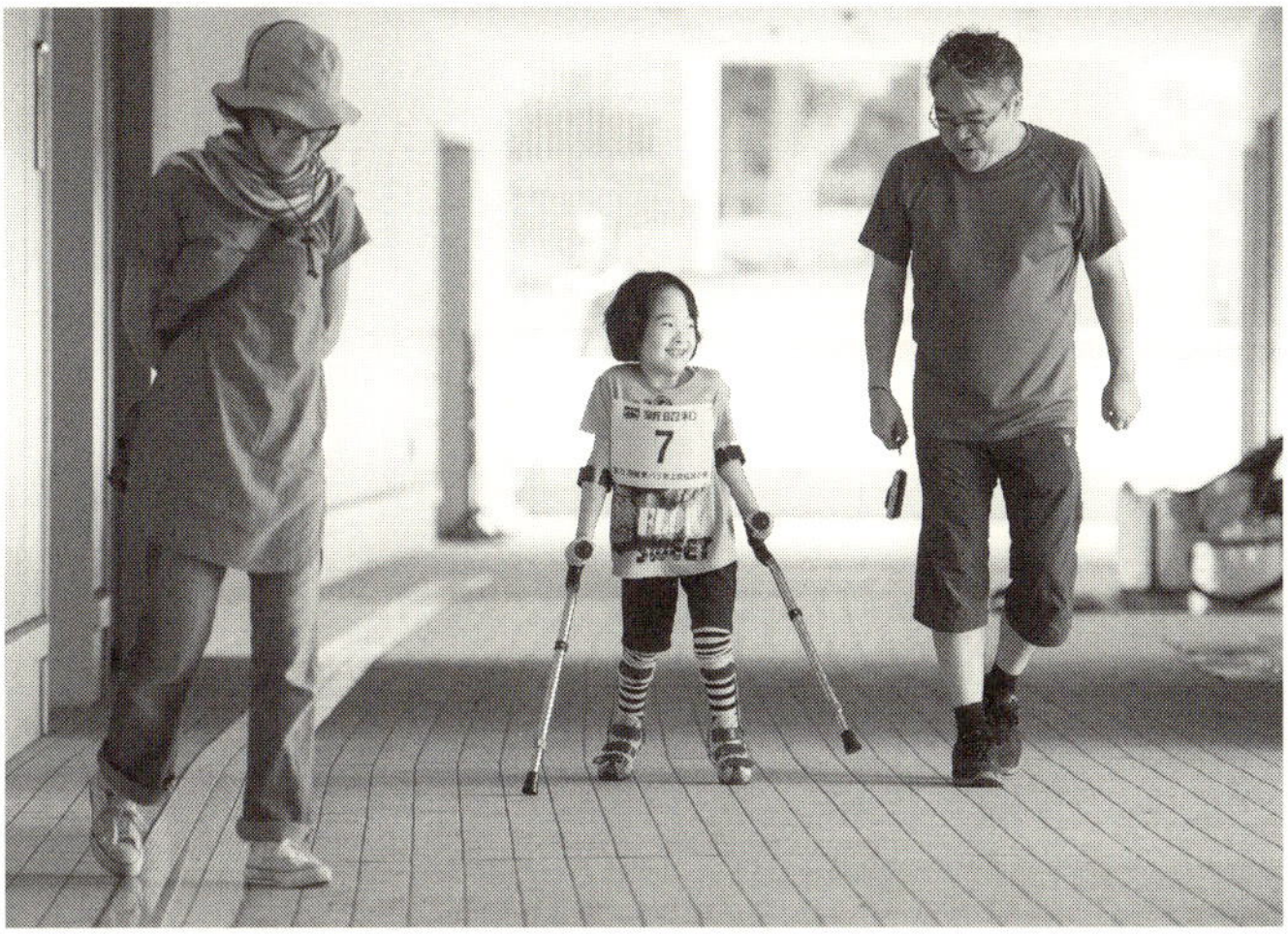

お父さん、お母さんといっしょに歩く杷奈さん（中央）。

お母さんのつくったおにぎりを食べる、凌くん（左）とお父さん。

城島 充 じょうじま みつる

ノンフィクション作家

1966年、滋賀県生まれ。関西大学文学部卒業。産経新聞社会部記者を経て、2002年、ノンフィクション作家に。児童向けの作品に、『にいちゃんのランドセル』、『レジェンド！　葛西紀明選手と下川ジャンプ少年団ものがたり』、『義足でかがやく』（いずれも講談社）がある。一般向け作品に、『拳の漂流』（ミズノスポーツライター賞最優秀賞、講談社）、『ピンポンさん』（角川文庫）などがある。

表紙写真

森 清、時事通信

本文写真

森 清、柏原 力、向山敬介、オーエックスエンジニアリング、WORLD-AC、共同通信、時事通信

ブックデザイン

城所 潤（Jun Kidokoro Design）

引用および参考文献

『車いす生活に夢を与える仕事人』（さらだたまこ、教育評論社）

『闘う「車いす」——車いす革命の旗手たち』（土方正志、日刊工業新聞社）

「国際連合広報センターウェブサイト」

世《よ》の中《なか》への扉《とびら》
車《くるま》いすはともだち

2017年 3月 8日 第1刷発行
2021年 7月 15日 第5刷発行

著　者　城島《じょうじま》 充《みつる》
発行者　鈴木章一
発行所　株式会社　講談社
〒112-8001　東京都文京区音羽 2-12-21
電話　編集　03-5395-3535
販売　03-5395-3625
業務　03-5395-3615
印刷所　株式会社新藤慶昌堂
製本所　株式会社若林製本工場

N.D.C. 916　190p　20cm　ISBN978-4-06-287024-5